Susanne Hühn

Schöpfe aus deiner Seele KRAFT

Wie du mit Urvertrauen und
Selbstfürsorge deine Lebensaufgabe erfüllst

Schirner Verlag

Wir verzichten auf das Einschweißen unserer Bücher – **UNSERER UMWELT ZULIEBE!**

ISBN Printausgabe 978-3-8434-1529-3
ISBN E-Book 978-3-8434-6519-9

Susanne Hühn:
Schöpfe aus deiner Seele Kraft
Wie du mit Urvertrauen und Selbstfürsorge deine Lebensaufgabe erfüllst

Umschlag: Anna Katharina Berg, Schirner, unter Verwendung von # 74740429 (© Vibrant Image Studio), www.shutterstock.com
Layout: Anna Katharina Berg, Schirner
Lektorat: Claudia Simon, Schirner
Printed by: Ren Medien GmbH, Germany

www.schirner.com

1. Auflage Mai 2023

Inhalt

Einleitung

Sehnst du dich nach dir selbst? Spürst du, dass da noch mehr sein müsste als das, was du bisher lebst, sogar dann, wenn es dich oft genug glücklich macht? Wenn das auf dich zutrifft, dann sei willkommen.
Du hast recht.
Da gibt es noch mehr: mehr von dir, mehr Wesentliches, Sinnhaftes und Erfüllendes.

Wenn es dir manchmal scheint, als hätte dein Leben noch gar nicht so richtig angefangen, dass man dir etwas versprochen hat, was du bislang nicht erhalten hast, dann liegst du auch damit richtig.
Du bist noch nicht ganz angekommen, noch nicht so präsent, wie du es sein könntest. Mehr Präsenz heißt mehr Bewusstsein, mehr Lebendigkeit und gleichzeitig mehr Frieden in dir. Es meint nicht, noch verletzlicher zu sein und noch mehr fühlen, denken oder tun zu müssen, sondern mehr Kraft, Klarheit und das Gefühl, in dir selbst zu Hause zu sein.
Weil für dich und uns alle noch so viel möglich ist, schreibe ich dieses Buch.

Wir sehnen uns nach uns selbst,
denn wir sind mit uns verabredet.
Lassen wir uns nicht länger auf uns warten.

In diesem Buch geht es um die wichtigste Beziehung, die du nur führen kannst. Sie bildet die Voraussetzung für ein sinnhaftes und erfülltes Leben: Es ist die lebendige, bewusste und fühlbare Beziehung zu deiner Seele.

Habt ihr keinen Kontakt oder leben deine Seele und du wie in einer Fernbeziehung, in der man sich ab und zu einmal schreibt, aber selten sieht, dann kennst du dieses leise und doch beständig nagende Gefühl von Angst, dein Leben zu verpassen und deine Lebensaufgabe nicht erfüllen zu können. Du hast vermutlich Sorge, dass eines Tages unter deinem Lebenswerk »Thema verfehlt« oder »war stets bemüht statt glücklich« stehen könnte.
Oder du bist zwar mit dir zufrieden und glaubst, alles ist im Einklang, aber dennoch kommen dir vor allem nachts Zweifel. Du weißt, du könntest noch freier, glücklicher, inspi-

rierter und abenteuerlustiger sein. Du denkst zu viel nach, bist ständig auf dem Sprung, unruhig oder lustlos, vielleicht auch alles gleichzeitig.

Damit wir über deine Seele und deine Beziehung zu ihr reden können, brauchen wir Hilfsmittel. Die Seele selbst hat keine Sprache wie wir, sie ist reines Bewusstsein in einem nicht körperlichen Zustand. Sie kommuniziert über Energiemuster. Damit wir die Beziehung greifbar und fühlbar werden lassen können, nutzen wir etwas Irdisches, etwas, was wir schon kennen. Du wirst in diesem Buch deshalb viel Symbol- und Bildhaftes finden, wie das zum Beispiel auch im Schamanismus, in der Kabbala und auch in der Bibel der Fall ist.

Menschen haben die Sprache der Seele schon immer auf diese Art und Weise übersetzt, und somit schließen wir uns an ein großes, wissendes Energiefeld an. Dadurch kann unser Gehirn etwas mit den Informationen, Übungen und Fragen anfangen, und wir können die Botschaften fühlen und intuitiv erfassen.

Erlaube mir, dich auf einer Reise zu begleiten, die dich in deine eigene Mitte führt. Deine Sehnsucht nach Erfüllung ist dabei der Ausgangspunkt.

Du brauchst etwas zum Schreiben oder auch ein Gerät mit Diktierfunktion, zum Beispiel dein Smartphone, Zeit für dich und die Bereitschaft, dich tiefer denn je auf dich selbst einzulassen.

Wir werden öfter mit inneren Reisen arbeiten. Lasse sie dir vorlesen, nimm sie auf, oder lies sie zunächst durch, merke sie dir, und lasse dich dann von den inneren Bildern führen.

Falls du nicht geübt darin bist, innere Reisen durchzuführen, sind hier einige Hinweise:

- Nimm dir ungestörte Zeit für dich. Wenn das für dich leichter gesagt als getan ist, sieh es als Challenge, und nutze folgende Coachingfrage: »Wenn dein Leben davon abhinge, wie könntest du dir noch mehr Freiraum verschaffen, um gut für dich zu sorgen?«

- Setze dich während der inneren Reisen nicht unter Druck. Die meisten Menschen sehen keine klaren inneren Bilder, sondern nehmen ihre Innenwelt durch Gedanken, Erinnerungen, die einen Schlüssel enthalten, Symbole, mit denen sie bestimmte Erfahrungen verknüpfen, plötzliches Wissen, Gefühle und manchmal sogar Gerüche wahr. Innere Bilder sind kein perfekt gedrehter Film, sondern ein Ausdruck für eine bestimmte Art der inneren Wahrnehmung, die zwar vorwiegend visuell sein kann, doch nicht muss. Deine Wahrnehmung ist genau richtig, du darfst ihr glauben und vertrauen. Das, was für dich Sinn ergibt, kann für einen anderen keine Bedeutung haben, denn dein Gehirn greift auf die Sprache, die Erlebnisse und die Bilder zurück, die dir vertraut sind.

- Wenn du ein Symbol nicht deuten kannst oder nicht weiterkommst, dann frage in deine Innenwelt hinein. Bitte sie, dir noch deutlicher zu zeigen, was sie dir mitteilen will. Sie möchte mit dir kommunizieren, weil sie davon abhängig ist, dass ihr die gleiche Sprache sprecht. Wenn dir also etwas begegnet, was du nicht verstehst, dann denke nicht darüber nach, was das sein könnte, sondern frage direkt während der inneren Reise nach. Es wird sich dir dann klarer zeigen. Die inneren Bilder sind nicht festgelegt, sondern ein Ausdruck deines Gehirns, das dir Zugang zu deinem Unterbewusstsein verschaffen möchte. Dem Gehirn ist es egal, welches innere Bild es nutzt, es will nur, dass du dich selbst verstehst, deshalb bietet es dir gern ein anderes Symbol an, wenn du das erste nicht intuitiv deuten kannst.

- Bleibe gelassen. Es kann sein, dass du zu Beginn nichts oder nur sehr wenig wahrnimmst. Das ist in Ordnung, denn auch diese besondere Weise, mit sich selbst in Kontakt zu treten, will geübt sein. Bleibe dran. Dein Inneres will mit dir kommunizieren, dessen darfst du dir gewiss sein. Schon deine Absicht, dich mit deiner Innenwelt zu befassen, setzt einen Prozess in Gang.

- Besorge dir ein Tagebuch. Den inneren Bildern noch mehr Raum zu geben, indem du deine Erkenntnisse, Gedanken und Fragen aufschreibst, auch wenn du nicht jedes Mal ausdrücklich dazu aufgefordert wirst, vertieft deine Erfahrungen.

Wozu wir hier sind

Wir werden mit einer Lebensaufgabe geboren, sonst würden wir uns nicht so sehr nach einem Sinn sehnen. Wir wollen, dass es einen Platz gibt, den nur wir ausfüllen können. Wir kommen sozusagen mit hochgekrempelten Ärmeln zur Erde und wollen unsere Aufgabe anpacken.
Doch dann, wenn wir endlich groß genug sind, um sie anzugehen, haben wir sie vergessen, sie im emotionalen Strudel des Kindseins und des Erwachsenwerdens aus den Augen verloren. Wir sind in vielerlei Hinsicht verletzt und beschämt worden. Unsere Bestimmung und unsere Lebensaufgabe wurden womöglich sogar verlacht. Unsere Eltern, Lehrer, die Gesellschaft und äußere Gegebenheiten haben dafür gesorgt, dass wir unsere innere Stimme überhören, oder sie haben sie, zumindest gefühlt, zum Verstummen gebracht.

Wir wissen, wozu wir hier sind. Doch, du auch.
Es zeigt sich durch diese tief in uns angelegte Sehnsucht nach etwas, was wir vielleicht nicht in Worte fassen können. Es ist das, was wir für Hirngespinste halten. Wir sind hier, um das zu verwirklichen, was wir für unmöglich halten, obwohl wir uns so sehr danach sehnen und wissen, dass wir dafür gemacht sind. Das Leben scheint uns allerdings zunächst etwas anderes zu lehren: Wir müssen funktionieren und uns mit dem zufriedengeben, was machbar ist.
Womöglich hast du es trotzdem probiert, bist deiner Bestimmung, deiner Seelenaufgabe, gefolgt – und gescheitert. Doch du hast nicht aufgegeben, bist aufgestanden, hast es

immer wieder versucht. Und eines Tages warst du vielleicht erfolgreich. Du hast verwirklicht, wozu du hier bist, und auf einmal gemerkt:
Du bist fertig. Es ist genug. Etwas Neues will kommen und gelebt werden.
Gleich, ob wir unsere Lebensaufgabe mit Bravour gemeistert haben oder nicht, jetzt wird es Zeit für etwas Neues. Unser Bewusstsein hat sich geändert. Unsere bisherige Aufgabe ist erledigt, oder sie erfüllt uns nicht mehr, wirkt irgendwie altbacken und überholt. Selbst das Scheitern ist langweilig geworden. Es ist, als würden wir eines Tages feststellen, dass unser liebevoll eingerichtetes Wohnzimmer alt, grau und auf eine Art staubig ist, die sich nicht durch Putzen verändern lässt. Es ist einfach nicht mehr stimmig.

Wir stehen am Anfang eines wahrhaft neuen Bewusstseins. Spätestens jetzt wollen wir unsere Lebensaufgabe kennenlernen. Sie wird wesentlich. Das, was wir bislang für so wichtig gehalten haben, ist auf einmal nicht mehr erstrebenswert, reicht uns nicht mehr. Es muss noch etwas viel Besseres geben, das spüren wir. Wir wollen nach weit entfernten Sternen greifen, unerreichbar – bis jetzt. Doch die Zeit ist reif für Wunder.
Als Wunder erleben wir die Gesetzmäßigkeiten eines höheren Bewusstseins, zu dem wir noch keinen oder nur sehr wenig Zugang haben. Doch sie sind keine Zauberei. Wenn unser Bewusstsein sich erweitert, dann ist das, was gestern noch ein Wunder war, heute beglückende und gleichzeitig alltägliche Synchronizität. Gerade deshalb ist die untrennbare, lebendige, echte Beziehung zu unserer Seele jetzt so wichtig.

Sie ist die Voraussetzung dafür, dass wir unsere neue Aufgabe bewusst wahrnehmen und erfüllen können.

Eines haben wir verstanden: Diese merkwürdige Leere, die sich nicht nur zeigt, wenn wir denken, unsere Aufgabe nicht erfüllen zu können oder keine zu haben, sondern erst recht dann, wenn wir alles erreicht haben, was wir erreichen wollten, kann nur durch unsere Beziehung zu unserem spirituellen Wesen, unserer Seele, gefüllt werden.
Was ist dieses spirituelle Wesen?
Wie kannst du dir deine Seele vorstellen?
Machen wir doch gleich eine Übung dazu. Du kannst sie immer dann durchführen, wenn du in Kontakt mit deiner Seele kommen willst.

Wir stehen am
Anfang eines wahrhaft
neuen Bewusstseins.
Etwas Neues will kommen
und gelebt werden.

Übung

Mit deiner Seele in Kontakt treten

Stelle zwei Stühle mit Sitzkissen einander gegenüber, oder lege zwei Kissen auf den Boden. Der eine Platz ist für dich, der andere für dein spirituelles Wesen. Nimm dir etwas zu schreiben, oder nutze die Diktierfunktion deines Smartphones.

Begib dich auf deinen Platz. Stelle dir vor, dir gegenüber sitzt das spirituelle Wesen, das du bist und das zu dir gehört. Schreibe alles auf, was du in Bezug auf dein Gegenüber wahrnimmst. Wie fühlt sich deine Seele an? Was empfindest du, wenn du ihr gegenübersitzt? Hast du eine dringende Frage an sie? Stelle sie laut, wenn du willst, und nimm die Antwort wahr, die du vom gegenüberliegenden Platz bekommst.

Schreibe alles auf, auch wenn es vielleicht dem widerspricht, was du bislang über Seelen weißt. Das ist deine Seele, das bist du in deinem spirituellen Ausdruck. Deine Wahrnehmung stimmt, denn du kennst dich selbst. Du weißt, wer du bist, auch wenn du noch nicht weißt, dass du es weißt. Möglicherweise nimmst du deine Seele jedes Mal anders wahr, wenn du diese Übung machst. Du hast sehr viele Aspekte, und auch das Bewusstsein deiner Seele wandelt sich, sonst wären all deine menschlichen Erfahrungen ja sinnlos, oder?

Wechsle jetzt den Platz, und setze dich auf den Stuhl oder das Kissen deiner Seele. Das bist auch du, erinnere dich daran.

Du musst nicht in Ehrfurcht erstarren. Nimm ein paar Atemzüge, und komme auf diesem Platz an. Vielleicht spürst du, dass sich deine Wahrnehmung verändert. Du bist als Seele weniger emotional, weniger auf der Erde. Du denkst auch weniger. Das ist richtig so. Nimm wahr, was du auf diesem Platz weißt und wie du hier die Dinge siehst. Vielleicht hast du als Seele eine Antwort auf die Frage, die dir der Mensch, der du bist, gestellt hat, vielleicht auch noch nicht. Schreibe alle Erkenntnisse auf, die du auf diesem Platz erlangst.

Jetzt hast du zwei Möglichkeiten: Entweder du stehst auf und setzt dich wieder auf Platz eins, bist wieder der Mensch, der du bist, und spürst noch einmal nach. Das ist vollkommen in Ordnung und reicht für den Anfang. Oder du denkst: »Ich werde bestimmt nie wieder den Platz der Seele verlassen.« In diesem Fall nimmst du das Kissen von Platz zwei, also dem der Seele, mit auf Platz eins. Damit verbindest du die Plätze miteinander. Lege die Kissen übereinander, und setze dich auf beide.

Egal, ob du auf einem oder zwei Kissen sitzt: Spüre nach. Du hast einen Eindruck deines Seelenwesens bekommen, das du bist und das seine Erfahrungen auf der Erde macht. Von hier aus gehen wir weiter und tun alles, was nötig ist, damit du gleichzeitig Seele und Mensch sein kannst und somit ständig verbunden bist mit allen Kräften, die du nicht nur hast, sondern auch bist.

Schauen wir uns einmal genauer an, welche Unterschiede zwischen dem Seelen- und dem Menschenwesen bestehen, damit uns noch klarer wird, warum eine bewusste Beziehung zwischen ihnen notwendig ist:

- Als Mensch bist du ein fühlendes Wesen. Du bist emotional berührbar und verletzlich. Als Seele kennst du keine Gefühle, du bist nicht emotional.

- Als Mensch kannst du krank werden. Du brauchst Luft zum Atmen, Wasser, Nahrung und so weiter, um zu überleben. Das Überleben hat für den Körper Priorität, und das prägt deine Denkweise erheblich. Als Seele bist du körperlos und kannst nicht sterben. Du hast keine physischen Bedürfnisse und deshalb ein vollkommen anderes Bewusstsein.

- Als Mensch kannst du dich von dir selbst abspalten. Du kannst das eine fühlen, das andere denken und auf eine dritte Weise handeln. Als Seele bist du eins mit dir. Es gibt keine Notwendigkeit, dich von dir selbst zu trennen, und das ist auf Seelenebene auch nicht möglich.

- Als Mensch wirst du älter und stirbst irgendwann. Das Wissen um deine Vergänglichkeit bestimmt dein Denken, Fühlen und Handeln in höchstem Maße. Als Seele kannst du nicht sterben und hast deshalb kein Zeitgefühl. Eine Seele hat kein Bewusstsein für Vergänglichkeit. Das führt dazu, dass wir als spirituelles Wesen keine Angst kennen, nicht für uns sorgen müssen und immer den großen Schöpfungsplan im Blick haben, nicht unseren Tod.

- Als Mensch kennst du ein Innen und ein Außen. Es gibt dich, und es gibt deine Umgebung, mit der du unweigerlich in Beziehung trittst, selbst dann, wenn du die Beziehung verweigerst. Du musst dich in deinem Umfeld zurechtfinden und dich immer wieder neu positionieren. Das erfordert eine ständige Überprüfung aller Lebensbereiche auf Sicherheit und Stimmigkeit. Du musst in der Dualität permanent Entscheidungen treffen. Als Seele bist du in ein größeres Ganzes eingebunden. Du bist wie ein Musiker, der in seinem Orchester zu Hause ist und seine Melodien kennt. Dadurch kannst du dein Augenmerk auf kosmische, spirituelle Zusammenhänge richten. Du kennst kein Innen und Außen, kein Ich und Du. Du weißt nicht, was Sicherheit bedeutet, weil du keine Unsicherheit erfährst. Du existierst unpolar, das heißt, es gibt keine Gegensätze, und somit brauchst du auch keine Entscheidungen zu treffen. Deine Absicht als Seele ist spirituelle Evolution, die kosmische Entfaltung hin zu immer mehr Bewusstsein.

Merkst du etwas? Menschsein ist anstrengend!
Dieses ganze Fühlen, das ständige Gewahrsein der Vergänglichkeit, die vielen Bedürfnisse, und dann soll man auch noch einen Seelenplan, eine Lebensaufgabe, erfüllen. Als wäre das Leben an sich nicht schon Aufgabe genug.

Spätestens jetzt darfst du dir kräftig auf die Schulter klopfen. Du machst das großartig!
Es ist sowieso schon eine riesige Herausforderung, mit diesen vielen Ansprüchen klarzukommen, die das Leben auf der Erde stellt, und da ist noch keine Buchhaltung oder Steuererklärung miteingerechnet.

Was die Seele aber nicht weiß, ist, wie unendlich viel Kraft wir bekommen, wenn wir uns auf das Abenteuer Menschsein einlassen. Unser Körperbewusstsein ist an die Energie der Erde angeschlossen und erzeugt somit Schöpferkraft.
Was bedeutet das?
Leben ist Wandel, ist Anpassung, ist Entwicklung vom Einfachen hin zum Komplexen. Diese Urkraft der Evolution steht uns als körperlichen Wesen durch unser Angebundensein an die Erde zur Verfügung. Wir können lernen, diese ursprüngliche Kraft zu nutzen, indem wir uns dem Leben mit allem, was wir sind, zur Verfügung stellen.
Das heißt, je mehr du du selbst bist und alles, was du verwirklichen möchtest, ernst nimmst, statt es dir als Hirngespinst auszureden, desto bewusster kannst du von der Urkraft der Veränderung Gebrauch machen. Lege ihr sozusagen deine Verwirklichungswünsche einfach auf den Schreibtisch, und – wichtig – lasse sie da liegen, auch wenn die Bearbeitung ein wenig dauert. Ziehe sie nicht immer wieder zurück, weil du an dir zweifelst, sondern glaube an ihre Realisierung, und beharre darauf, dass sich alles, was dir deine Seele an Impulsen und Eingebungen schenkt, auch auf der Erde umsetzen lässt.

Wenn das Leben noch keine Lösung für deine Anliegen hat, dir etwas, von dem du spürst, dass es stimmig ist, bislang noch unmöglich erscheint, dann kannst du die Kraft der Entwicklung darum bitten, die entsprechenden Anpassungen vorzunehmen. Du darfst sogar darauf bestehen, denn dadurch erschaffst du neue Welten und neue Möglichkeiten auf der Erde. Das ist Schöpferkraft. Du nutzt bewusst die naturgemäße Kraft der Veränderung, die die genialsten und erstaunlichsten Lebensformen hervorbringen kann, für deine eigenen Projekte. Eine Evolution, die in der Lage ist, auch noch in den lebensfeindlichsten Gegenden der Erde Leben zu ermöglichen, schafft es auch, deine vergleichsweise einfachen und nur scheinbar unlösbaren Aufgaben unter einen Hut zu bekommen und dir maßgeschneiderte Lösungen zu präsentieren.

Dazu, liebste Seele, musst du aber auch wirklich auf der Erde anwesend sein. Wenn du nur einen spirituellen Zeh in das Abenteuer Menschsein hineintauchst und dich nicht voll darauf einlässt, dann fehlt dir der Zugang zur evolutionären Kraft. Um mitzumachen, musst du, bildlich gesehen, hinter dem Bühnenvorhang hervorkommen und dich voll ins Scheinwerferlicht deiner Gefühle, deiner Sterblichkeit und deiner physischen Präsenz stellen.

All das, was uns als Menschen ausmacht, schenkt uns aber, wenn wir vom reinen Seelenwesen zum beseelten Menschen geworden sind, pure Schöpferkraft und damit Lebensglück. Vervollständigen wir also die Unterschiede zwischen Seelen- und Menschenwesen:

- Als Mensch hast du sehr viel Kraft und kannst dich in nahezu jeder Hinsicht ausprobieren. Als Seele bist du immer im Flow mit den Seelenwesen um dich herum, deine Energie ist relativ gleichbleibend.

- Als Mensch hast du die Möglichkeit, die schöpferische Erdenenergie am eigenen Leib zu spüren, sie für dich zu nutzen und dich durch sie auszudrücken. Du bekommst ein weiteres Bewusstsein hinzu, nämlich das Körperbewusstsein. Es ist wie eine zweite Stimme, mit der du als Seelenwesen im Duett singen kannst. Das erlebst du als rein spirituelles Wesen nicht.

- Das Körperbewusstsein kommt aus der Erde. Die Erde befindet sich im ständigen Wandel, Leben entsteht durch den Tod und umgekehrt. Wenn ein Blatt vom Baum fällt, wird es sofort zur Nahrung für andere Lebewesen. Mensch zu sein, heißt, dem Wandlungsprozess beizuwohnen, ihn zu fühlen und an ihm teilzuhaben. Als nicht verkörperte Seele kannst du das nicht und erlebst somit auch nicht die Freude, die darin liegt. Du kannst sie dir auch nicht vorstellen. Kommst du zur Erde, dann bist du nicht nur Seele, sondern auch Körper, und deshalb stehen dir die Kraft und das Bewusstsein, mit dem ständigen Wandel der Materie umzugehen, zur Verfügung.

Du siehst, wie unterschiedlich Seelen- und Menschenwesen sind, und doch vereinst du beides in dir. Deshalb ist es so wichtig, eine bewusste, liebevolle und wertschätzende Beziehung zwischen beiden Anteilen zu gestalten.

Tust du das nicht, dann möchtest du, wenn du dich als Seelenwesen erlebst, nichts mit dem Menschen zu tun haben, der du aber auch bist. Oder aber du identifizierst dich so sehr mit dir als körperliches Wesen, dass dir die Seele sehr suspekt vorkommt und du sie am liebsten verleugnest. Beides ergibt keinen Sinn. Wir wollen uns nicht mehr von uns selbst getrennt fühlen, weder die Seele vom Menschen noch der Mensch von seiner Seele. Wir fühlen, dass wir noch sehr viel lebendiger und glücklicher wären, wenn wir diese innere Trennung von uns selbst nicht nur überwinden, sondern gleich ganz löschen könnten.

Auch die Seele kann vergessen, dass sie mit einem bestimmten Energieanteil einen Menschen beseelt. Wenn du als Mensch zu sehr traumatisiert wirst, dann ist es so, als wäre deine Seele eine Raumfahrtrakete, die nach und nach ihre Stufen abwirft. Irgendwann hat sie vergessen, dass sie auch als menschliches Wesen existiert, und du hast das Gefühl, als hätte sie dich im Stich gelassen. Was wäre, wenn sogar diese Abtrennung zur Reise zu uns selbst gehören würde?

Beide Wesenheiten, Mensch und Seele, dürfen und müssen sich jetzt in einen Rückverbindungsprozess begeben, denn wir stehen am Anfang eines Zeitalters, das ein neues Bewusstsein mit sich bringt. Wie du es nennst, ob »Wassermannzeitalter«, »fünfte Dimension« oder einfach »Neue

Zeit«, spielt keine Rolle. Etwas Neues will kommen, die Evolution schreitet voran, etwas in dir strebt danach, sich zu vollenden, und das spürst du. Deine innere Fragmentierung ist nicht mehr stimmig, sie langweilt dich, statt dich wie bislang zu noch mehr Bewusstseinsforschung anzuregen, und auch das spürst du.
Wenn du mehr willst, dann hast du recht.
Es gibt noch viel mehr, und damit sind weder Geld noch Ansehen, weder Erfolg noch Selbstausdruck gemeint. Es geht nicht um höher, schneller, weiter, sondern um die Freiheit, in jeder Hinsicht zu sein, wer du in Wahrheit bist, und das umfassender, als es jemals zuvor möglich war.
Es ist gleich, in welchem Beruf du arbeitest und wie du lebst. Dieses Gefühl ist sehr privat. Es bezieht sich auf die Art, wie du dich in der Welt bewegst, wie du fühlst und was dir wichtig ist, und auf deine innerlich spürbare Aufgabe auf der Erde.

Wie wäre es, wenn ich dir sagen würde, dass du alles richtig gemacht hast? Denn so ist es. Du hast deine Lebensaufgabe erfüllt, selbst dann, wenn sie dir nicht ganz bewusst ist. Warum ich das weiß? Weil du sonst nicht dieses innere Gespür dafür hättest, dass es jetzt weitergehen sollte, auch wenn dir noch unklar ist, was du eigentlich damit meinst. Die Evolution will die nächste Ebene erreichen, das gilt für dich und für uns alle. Der Bewusstseinsprozess, den wir bislang erlebt haben, kommt zum Ende, und wir beginnen einen neuen Zyklus in untrennbarer Einheit mit uns selbst und damit in Freiheit.
Damit wir diesen Entwicklungsschritt machen können, verändern sich die Paradigmen, mit denen unsere Seele zur Erde kam.

Auf welche Weise wir sie auch erlebt haben, bislang lautete die Aufgabe: Überwinde Trennung.
Wie ist das gemeint?
Unser menschliches Bewusstsein war bislang von Polaritäten geprägt. Du bist Mann oder Frau, glaubst an eine höhere Macht oder nicht, kümmerst dich um deine Kinder oder widmest dich ganz deiner Karriere, bist ein Kopf- oder Herzmensch. Du lebst in einem ewigen Entweder-oder, was du an den Schuldgefühlen erkennst, die aufkommen, wenn du beide Pole gleichzeitig verwirklichen willst.
Überwinde Trennung heißt: Öffne deinen Geist immer weiter. Heile die Trennung zwischen dir und deinen inneren Anteilen. Entwickle Bewusstsein. Finde Wege, aus dem Entweder-oder der Polarität ein Sowohl-als-auch zu gestalten. Das Außen ist dabei dein Spiegel, der dir den Grad deiner Zersplitterung zeigt.
Es ist wie im Märchen, wenn der Held oder die Heldin auf eine Reise geschickt wird. Wir wurden auf die Reise zu uns selbst geschickt. Beim Suchen entwickelten wir alles, was wir für das Neue brauchen. Auf dem Weg machten wir einen Evolutionsprozess durch, und das können wir durchaus wörtlich nehmen. Wir nutzten immer mehr unserer Gehirnteile und entwickelten, im EEG sichtbar, zunehmend Bewusstsein.

Wir haben uns geklärt, erweitert, geöffnet, Altes hinter uns gelassen und sind dabei in jeder Hinsicht freier geworden. Heute halten wir für möglich, was noch vor hundert oder sogar erst vor zwanzig Jahren undenkbar gewesen wäre. Diese Bewusstseinsentwicklung hat dazu geführt, dass wir einen Bewusstseinsquantensprung vor uns haben oder

bereits mittendrin sind. Wir stehen jetzt also kollektiv und individuell an der Schwelle unseres neuen Bewusstseins. Wir schöpfen auf völlig neue Weise aus unserer Seele Kraft. Nicht mehr, um die Zersplitterung in uns selbst zu überwinden und um Halt zu finden, sondern, weil wir wissen, dass wir Seele und Mensch zugleich sind.
Auch die Seele erlebt einen Bewusstseinsprozess und wird des Menschen, durch den sie sich auf der Erde verkörpert, immer mehr gewahr. Das Ziel war uns bekannt: Wir wollten nichts weniger, als den Himmel auf die Erde zu bringen. Auch dieses Ziel spiegelt die Abspaltung, die wir erlebten: Wir fühlten Himmel und Erde als getrennt voneinander, und das stimmte in Bezug auf unser Bewusstsein auch. Wir waren noch nicht in der Lage, unser geistiges und spirituelles Bewusstsein mit dem Bewusstsein unserer Gefühle, Gedanken und unseres Körpers in Übereinstimmung und in Gleichklang zu bringen.

Wenn wir bewusst die Kraft unserer Seele auf der Erde in gelebtes Leben verwandeln, dann werden wir zu unserem eigenen Himmel auf Erden.

Dann haben wir es geschafft: Wir sind unser eigenes Paradies geworden, und die Vertreibung ist vorbei. Wir sind wieder zu Hause. Die neue Aufgabe, das neue Paradigma, heißt: Gestalte aus der Einheit mit dir selbst heraus den Himmel auf Erden. Verstehst du? Diese Aufgabe, die ja voraussetzt, dass Himmel und Erde, Seele und Mensch voneinander getrennt sind, ist erledigt.

Warum ist die Aufgabe erledigt?
Weil genügend Menschen, zu denen vielleicht auch du zählst, mit innerer Arbeit, Meditationen und vielen weiteren Bewusstseinstechniken darum gerungen haben, die Fragmentierung zwischen sich und ihrem spirituellen Bewusstsein zu überwinden. Dadurch haben sich nach und nach Bahnen und Verknüpfungen zwischen den entsprechenden Gehirnarealen gebildet. Wenn das bei genügend Wesen einer Spezies geschieht, egal, um welche Erkenntnis oder Fertigkeit es sich handelt, dann gibt es einen Quantensprung in der Evolution.
Wir waren also erfolgreich, lieber Mensch, liebe Seele.
Die Brücken sind gebaut, das Bewusstsein hat sich erweitert, die Lichtbahnen sind geschaffen und stabil. Jetzt gehen wir weiter. Von nun an geht es darum, dieses neue Bewusstsein zu stabilisieren, damit wir aus ihm heraus den Himmel auf Erden in Synergie mit anderen gestalten können.

Die Voraussetzung dafür, unser eigener Himmel auf Erden zu sein, uns in uns selbst zu Hause zu fühlen und unsere Seelenkraft ungefiltert auf die Erde zu bringen, ist, dass wir auf menschlicher Ebene vollständig sind. Dann, und nur dann, können wir von uns selbst untrennbar permanent in unserer Mitte bleiben.
Was das genau bedeutet und wie wir dahin kommen, für immer stabil und sicher aus unserer Mitte heraus zu leben, werde ich dir nun zeigen. Fangen wir von vorn an, und zwar auf der Ebene des Menschseins.

Was wir wollen

Es gibt Menschen, die von innen heraus leuchten. Sie wirken beseelt und sind oft präsenter und damit erfolgreicher als andere. Sie sind glücklicher und mit sich selbst im Reinen. Immer scheinen sie zu wissen, was sie wollen, und erreichen ihre Ziele mühelos. Eine besondere Kraft in ihrer Psyche lässt sie zufriedener sein. Was auch immer ihnen zustößt, sie meistern ihr Leben und geben ihrer Umgebung von ihrer Kraft ab. Sie sind ein Segen für andere und haben offenbar Zugang zu einer geheimen inneren Quelle, die ihnen jederzeit die Energie gibt, die sie brauchen. Sie sind in ihrer Mitte angekommen oder gar nicht aus ihr vertrieben worden. Auf der Suche nach sich selbst scheinen sie fündig geworden und in sich selbst zu Hause zu sein. Man könnte sagen, dass sie ihre eigene Wohlfühlzone sind und diese deshalb nicht, wie andere oft vergeblich, im Außen suchen müssen. Sie sind von folgenden Überzeugungen geprägt:

- »Ich bin liebenswert.«
- »Das Leben ist wunderbar, und es lohnt sich, zu leben.«
- »Ich weiß, dass ich geliebt werde.«
- »Ich bin in Sicherheit und kann mich auf die Menschen in meiner Umgebung verlassen.«
- »Ich bin ein wertvoller Teil einer liebevollen Gemeinschaft.«
- »Wenn ich etwas brauche, dann bekomme ich es auch.«
- »Ich kann mir selbst vertrauen.«
- »Ich kann mich auf meine Seele und meine spirituelle Führung verlassen.«

Was haben diese Menschen, was uns fehlt? Was machen sie anders? Sie sind voller Vertrauen in sich selbst, andere und das Leben. Sie haben ihr emotionales und ihr spirituelles Urvertrauen nicht verloren oder es sich zurückgeholt. Darum fällt es ihnen leichter als anderen, in Kontakt mit ihrer Seele zu sein. Die Beziehung zu ihr ist unbelastet und unverletzt oder geheilt.

Damit wir unserer Seele vertrauen, ihre Kraft fühlen und nutzen können, brauchen wir ein stabiles emotionales Fundament, ebenjenes Urvertrauen. Gleichzeitig hilft uns die bewusste Beziehung zu unserer Seele, unser spirituelles Urvertrauen immer stärker werden zu lassen. Seele und Mensch befruchten sich gegenseitig, je stärker die Beziehung zwischen ihnen wird.
Wie ist das, wenn du als Mensch voller Urvertrauen bist? Wie lebt es sich?

- Du kennst den Sinn deines Lebens.
- Du weißt, du darfst nach Glück streben, und tust es auch.
- Du lebst deine Bestimmung.
- Du führst erfüllende Beziehungen voller Liebe.
- Du sorgst bestmöglich für dich selbst.
- Du bist kreativ.
- Du kennst deine Stärken und weißt sie zu nutzen.
- Du gehst liebevoll mit deinen Schwächen um.
- Du bist in deinem Körper zu Hause.
- Du erlebst das Leben als wundervolles Geschenk, nicht als ständigen Kampf um Liebe und Anerkennung.
- Du fühlst dich wertvoll und geliebt, ohne dich dafür anstrengen zu müssen.

- Statt in Selbstmitleid zu verfallen oder zu viel Kontrolle über deine Gefühle und andere Menschen auszuüben, bist du lösungsorientiert, wenn es Schwierigkeiten gibt, weil du das Gefühl von Sicherheit in dir selbst trägst.
- Du gehst davon aus, dass die Welt grundsätzlich gut ist. Glücklich zu sein, ist für dich die Norm, keine Ausnahme.

Bist du voller Urvertrauen, dann hat das große Auswirkungen auf dich und die Art, wie du mit dir selbst und mit anderen umgehst.
Was aber, wenn du es verloren hast?
Was, wenn du nicht einmal weißt, wie es sich anfühlen könnte?
Was, wenn du bewusst oder unbewusst deine Einzelteile mühsam zusammensuchst, um einigermaßen über die Runden zu kommen?
Dann hat das ebenfalls entscheidende Folgen für dich und dein Leben. Du glaubst:

- »Ich bin nicht gut genug.«
- »Letztlich bin ich immer allein.«
- »Niemand ist für mich da, wenn ich einmal etwas brauche.«
- »Ich muss mich anstrengen, um geliebt zu werden.«
- »Ich gehöre nicht dazu.«
- »Ich bin auf eine grundsätzliche Weise falsch.«
- »Das Leben ist gefährlich und anstrengend. Ob sich diese Anstrengung lohnt, weiß ich oft nicht.«

Kennst du einige dieser Überzeugungen? Bestimmt. Hast du vielleicht sogar schon versucht, diese negativen Glaubenssätze in positive zu verwandeln? Grundsätzlich ist das eine gute Idee. Aber hat es funktioniert? Nicht so richtig, oder? Fühlst du dich deshalb schon wieder nicht gut genug? Vermutlich.

Mache dir bewusst, dass fehlendes Urvertrauen und seine Auswirkungen kein rein mentales Problem sind, sondern ein vielschichtiges.
Urvertrauen, ob vorhanden oder fehlend, betrifft dich in deiner Gesamtheit: deinen Körper, deine Gefühle, dein Denken, deine Handlungen und insbesondere deine Beziehung zu deiner Mitte und deiner Seele. Wenn du nicht weißt, wie es sich anfühlt, voller Vertrauen in dich und das Leben zu sein, dann lebst du in permanenter Angst. Normalerweise spürst du sie nicht, und doch merkst du, dass dir etwas fehlt. Du sehnst dich nach Leichtigkeit und Mühelosigkeit, was nicht heißt, dass du nicht bereit bist, dich anzustrengen, wenn es nötig ist. Aber eben nicht die ganze Zeit und nicht bei Dingen, die anderen Menschen mühelos gelingen oder zu gelingen scheinen.

Du kannst dir bestimmt jetzt schon vorstellen, dass du mit einer solchen inneren Haltung dir selbst gar nicht erlauben wirst, aus deiner Seele Kraft zu schöpfen. Denn du glaubst vermutlich, dass du es nicht verdient hast, glücklich und erfüllt zu sein. Deine Seele kann dir nur Kraft senden, wenn du diese annimmst. Du wirst sie aber nicht annehmen, wenn du dich für wertlos hältst. Nimmst du die Kraft deiner Seele nicht an, dann vergisst die Seele ihren Empfänger. Sie weiß irgendwann nicht mehr, wohin sie ihre Energie lenken soll.
Hast du manchmal das Gefühl, dass du ins Leere hineinrufst, wenn du mit deiner Seele Kontakt aufnehmen willst?

Genauso geht es deiner Seele. Sie weiß oft nicht, wohin sie ihre Energie, ihre Informationen und ihre Liebe schicken soll. Bemerkst du eigentlich die Negativspirale, die dich immer weiter nach unten und in die Trennung von dir selbst zieht? Nimm sie wahr, das ist wichtig. Wir lösen das Problem, versprochen.

Widmen wir uns noch ein wenig dem Urvertrauen. Woran erkennst du noch, dass es dir fehlt?

- Du suchst im Außen meist vergeblich nach Bestätigung und sowohl nach emotionaler als auch nach physischer und finanzieller Sicherheit.
- Du glaubst, dich immer anstrengen zu müssen, um anderen zu gefallen.
- Du bist der Meinung, ständig um Geld kämpfen zu müssen.
- Du glaubst, verloren zu sein, wenn du dich einmal ausruhst, und bist deshalb innerlich angespannt.
- Du bist auf der ewigen Suche nach dir und dem Sinn deines Lebens, oder du hast resigniert und funktionierst nur noch. Das kann sogar gleichzeitig passieren.
- Du spürst dich selbst nicht richtig, stehst oft neben dir und hast nur wenig Zugang zu deiner Seele und zu einer übergeordneten höheren Kraft, wie auch immer du diese für dich definierst.
- Du fühlst dich die meiste Zeit über getrennt von allen anderen, insbesondere aber von dir selbst.

»Aber das geht doch jedem so«, könntest du jetzt sagen, und das stimmt auch zum großen Teil. Deshalb fallen die Ausnahmen, die Menschen, die aus ihrer Mitte heraus leben, so auf. Ist Urvertrauen also etwas Außergewöhnliches, ein Luxus, der nur Auserwählten zuteilwird? Es scheint so.

Schauen wir einmal, was genau damit gemeint ist, damit wir überhaupt verstehen, was wir suchen.
Die Auswirkungen mangelnden Urvertrauens haben wir kennengelernt, doch gerade, weil es uns fehlt, können wir es zunächst nur intellektuell erfassen. Möglicherweise fühlst du, dass du nichts fühlst, und das ist schon einmal gut. Du bist in Kontakt mit dir. Denn du hast recht. Wenn du dein Urvertrauen verloren hast, fühlst du da, wo du dich wie in einer Hängematte sanft getragen fühlen solltest, nichts. Die meisten Menschen spüren nicht einmal bewusst, was ihnen fehlt. Sie sind getrieben, voller innerer Unruhe und ständig auf der Suche nach etwas, von dem sie nicht genau wissen, was es ist.

Was ein Mensch sucht, ist immer das Gleiche: die Beziehung zu sich selbst. Wir suchen im Außen, doch es geht immer darum, in uns selbst unser Zuhause zu finden, uns selbst wärmendes Herdfeuer, belebendes Wasser, frische Luft, nährende Erde und spirituelles Zentrum zu sein.
Wir entwickeln jetzt gemeinsam dieses innere Zuhause, damit du zu deiner eigene Komfortzone wirst.
Bereit?
Schauen wir uns zunächst unsere Basis an.

Damit wir unserer

Seele vertrauen,

ihre Kraft fühlen und nutzen

können, brauchen wir ein

stabiles emotionales

Fundament.

Warum wir Vertrauen brauchen

Wie wir emotional vertrauen

Das Wort »Urvertrauen« wurde zum ersten Mal 1957 definiert. Es wurde als Übersetzung des Begriffes »Basic Trust« genutzt, der von dem Schüler Sigmund Freuds und Kinderpsychologen Erik H. Erikson 1950 eingeführt worden war. Man hatte erkannt, dass die Erfahrung von zuverlässiger Versorgung als Baby und Kleinkind von entscheidender Bedeutung für die psychische Entwicklung eines Menschen ist. John Bowlby, der die Bindungstheorie entwickelt hat, nannte die Beziehung zu der zuverlässigen Bezugsperson, sei es Vater, Mutter oder ein anderer stets verfügbarer und versorgender Mensch, »sichere Bindung«. Die Bindungstheorie besagt: Eine sichere Bindung zwischen dem kleinen Kind und seiner primären Bezugsperson bildet die Voraussetzung dafür, dass es später stabile Beziehungen sowohl mit anderen als auch mit sich selbst aufbauen kann.

Emotionales Urvertrauen entsteht also, wenn wir als Baby und Kleinkind eine Bezugsperson haben, die sich zuverlässig um uns kümmert, unsere Bedürfnisse versteht und sie liebevoll erfüllt. Es muss ein Mensch sein, der all das für uns tut, was wir für uns selbst noch nicht tun können. Der Psychologe Franz Ruppert nennt die Abhängigkeit von der bedingungslosen Hingabe eines Menschen und dessen

Bereitschaft, diese Hingabe aufzubringen, »Symbiose«. Wir sind vollkommen darauf angewiesen, dass uns jemand körperlich und emotional versorgt, zunächst im Mutterleib, dann als eigenständiges Wesen. Wir brauchen jemanden, der nicht nur bereit ist, alles für uns zu tun, was wir selbst noch nicht tun können, sondern er muss auch noch Glück und Erfüllung dabei empfinden. Warum? Weil wir uns nur durch eine beständige positive Rückmeldung als wertvolle Wesen erkennen können.

Ich habe zuvor gesagt, dass Urvertrauen entsteht, aber das ist nicht ganz richtig. Treffender ist: Unser Urvertrauen bleibt erhalten, wenn wir als Babys und Kleinkinder mindestens eine zuverlässige, liebevolle Bezugsperson haben.
Ist Urvertrauen also angeboren?
Es scheint so. Das Leben setzt voraus, dass sich jemand um uns kümmert, sonst würde es uns nicht so unfertig und hilflos in die Welt entlassen. Der Körper einer Mutter stellt ihr einen sorgfältig ausgeklügelten Hormoncocktail zur Verfügung, damit sie ihr Kind versorgt und das auch gern tut. Symbiose ist gewollt, ist der Standard, den das Leben setzt. Das, was hier so unromantisch und biologisch klingen mag, ist die Grundvoraussetzung dafür, dass wir uns zu dem Menschen entwickeln können, der in uns angelegt ist, als der wir gemeint waren. Die so viel gepriesene und romantisierte Mutterliebe bildet unsere Basis, um reifen zu können. Das Leben verlässt sich darauf, dass es jemanden gibt, der uns liebt und versorgt, der uns Sicherheit bietet und für uns da ist, solange wir ihn brauchen. Es baut auch darauf, dass uns dieser Mensch gehen lässt, wenn wir ihn nicht mehr brauchen, wenn wir also autonom, heißt selbstbestimmt,

geworden sind. Die Symbiose verschwindet wieder, wenn alles gut läuft. Die Liebe darf bleiben, doch die Abhängigkeit von den Eltern oder den zuständigen Bezugspersonen verliert sich, je mehr wir heranreifen und uns selbst geben können, was wir brauchen, sei es körperlich oder emotional. Zeitgleich schwindet der Wunsch der Bezugspersonen, in ständiger Symbiose zu sein. Sie möchten auch einmal wieder etwas für sich selbst tun. Sie bleiben Eltern, doch nicht mehr mit einer inneren Haltung der ständigen Verfügbarkeit.

Glücklicherweise ist es ebenfalls in uns angelegt, versorgen zu wollen. Nicht jeder wünscht sich physische Kinder, doch wir alle wollen die Erfahrung machen, etwas reifen zu lassen und es beim Wachsen zu unterstützen, sei es ein Garten, ein Tier, eine wissenschaftliche Forschung, ein Projekt, eine spirituelle Erkenntnis oder eine Vision. Wir wollen Teil des lebendigen Kreislaufes sein und uns als liebende, machtvolle Menschen erfahren, die dem Leben bei seiner Entfaltung zur Seite stehen.

Wir sind nun einmal Teil des Lebenskreislaufes. Das Leben drückt sich durch uns aus, es entwickelt und entfaltet sich durch uns. Es ist also alles in Ordnung. Wir kommen auf die Welt, voller Vertrauen, dass wir versorgt werden, und es gibt Menschen, die sich wünschen, unser Vertrauen zu bestätigen und uns zu geben, was wir brauchen, solange wir es brauchen.

Urvertrauen zu haben, ist normal. Wir können das besonders gut, weil unverfälscht, in der Säugetier- und Vogelwelt erforschen. Wenn Säugetiere geboren werden und Vögel schlüpfen, suchen sie die Muttermilch, sperren ihre Schnäbel auf. Sie gehen davon aus, versorgt zu werden, es ist in ihnen angelegt. Sie brauchen weder die Erlaubnis noch den Hinweis darauf, dass sich ihre Eltern um sie kümmern. Versorgt zu werden, ist ein Lebensaxiom, eine Grundannahme, ohne die es nicht geht. Um es noch einmal zu sagen:

Voller Urvertrauen zu sein, ist der Standard.
Das Leben will, dass wir uns sicher fühlen,
damit wir uns entwickeln können.

Es ist also kein Luxus, den nur einige Lichtgestalten erleben dürfen, sondern es ist die Basis für das komplexe Leben auf der Erde. Der Körper einer jeden Mutter, sei es Mensch, Katze, Hund, Pferd oder Vogel, ist darauf ausgelegt, seine Nachkommen liebevoll zu versorgen, sonst gäbe es all diese Instinkte und Hormone nicht. Auch wenn das noch so nüchtern klingen mag, es darf dich beruhigen. Geliebt zu werden und in Sicherheit zu sein, ist nichts, was du dir verdienen musst.

Wenn du als Kind liebevoll und zuverlässig versorgt wirst, dann entwickelt sich dein Gehirn schneller und besser, als wenn du in ständiger Angst lebst. Das liegt im Interesse der Evolution, also der Entfaltung des Lebens hin zu immer komplexeren und bewussteren Daseinsformen. Ist dein Gehirn gut entwickelt, dann fällt es dir leichter, den Kontakt zu deiner Seele herzustellen, weil du auch dafür gewisse Gehirnteile und deren Vernetzung mit dem limbischen System, deiner Gefühlswelt, brauchst.

»So war es aber nicht«, denkst du jetzt sicherlich, und du hast mein volles Mitgefühl.
So war es bei den wenigsten, und deshalb bringen wir das jetzt in Ordnung. Es ist nie zu spät, eine innige Beziehung zu sich selbst und seiner Seele einzugehen.
Möglicherweise ergibt es sogar Sinn, dass wir unser Urvertrauen verloren haben und es uns jetzt zurückerobern müssen. Der Sinn könnte sein, dass wir dadurch ein unerschütterliches Bewusstsein für unsere innere Heimat entwickeln. Dadurch können wir sie nie wieder verlieren. Wir kennen den Weg nach Hause.
Weil wir unser Urvertrauen verloren haben und jetzt den Weg zu uns selbst finden wollen, wissen wir am Ende, wer wir sind und was wir brauchen. Wir wissen es nicht nur, wir wissen auch, dass wir es wissen, und damit haben wir einen wichtigen Entwicklungsschritt gemacht. Man könnte so weit gehen, zu sagen, wir erleben und ermöglichen emotionale, geistige und spirituelle Evolution genau dadurch, dass wir uns zunächst verloren haben und uns jetzt auf die Suche nach uns selbst machen.

Nachdem wir über emotionales Urvertrauen gesprochen haben, wenden wir uns nun unserem spirituellen Urvertrauen zu.

Wie wir spirituell vertrauen

Wenn wir aus unserer Seele Kraft schöpfen wollen und uns deshalb mit ihr beschäftigen, dann kommen wir manchmal an den Punkt, wo wir uns fragen, ob das überhaupt sinnvoll ist. Hat sie uns nicht oft genug im Stich gelassen, unsere ach so hehre Seele? Wo war sie, wo war Gott, als uns Schreckliches widerfuhr? Wir kommen nicht umhin, uns die Beziehung zu unserer Seele genau anzuschauen.
Vertrauen wir ihr? Glauben wir, dass sie nur unser Bestes will und dass sie weiß, was sie tut?

Viele Menschen machen sich auf die Suche nach ihrer Spiritualität und haben bestimmte Vorstellungen davon, wie es ist, an eine höhere Macht zu glauben. Wenn man aber genauer hinsieht, entdeckt man einen tiefen Schmerz und das Gefühl, verraten worden zu sein. Wir beten, versuchen, alles richtig zu machen, bitten Gott um Hilfe, kommunizieren mit unserer Seele, und dennoch geschieht Furchtbares auf der Welt.
Wo ist die Geistige Welt, wenn Tiere gequält werden und Kinder sterben? Diese Frage müssen wir uns stellen, wenn wir über spirituelles Vertrauen sprechen wollen. Denn wir sehnen uns ja nach Führung und der Gewissheit, dass eine höhere Kraft weiß, was sie tut, und uns liebevoll zum Wohle aller leitet. Selbstverständlich würden wir uns gern führen lassen, wenn es sich gut anfühlen würde, richtig? Doch wenn wir uns in unserem eigenen und in dem Leben anderer umschauen, dann kommen sehr rasch Zweifel daran auf, ob wir einer Kraft, die uns so nachlässig, grausam oder schlichtweg desinteressiert führt, vertrauen wollen. Unsere

spirituelle Führungsebene hat noch nichts von Achtsamkeit und Mitgefühl gehört, könnte man meinen. Und wer weiß? Vielleicht stimmt das sogar.

Aber möglicherweise geht es ja genau darum, unsere Seele Mitgefühl mit dem Menschen, der sie ja auch ist, also letztlich mit sich selbst, zu lehren.
Seelisches Selbstmitgefühl, wie wäre das?
Auf höheren Ebenen haben wir keine Gefühle, kennen weder Schmerz noch Leid und können deshalb nicht wissen, wie sie sich anfühlen. Was, wenn es bislang darum ging, genau das auf der Erde in einem Körper zu erforschen? Und wenn unser Seelenplan bislang in erster Linie darauf abzielte, menschliche Erfahrungen zu sammeln, auch und gerade die schmerzlichen, bei denen es ein richtiges emotionales Feuerwerk gibt?

Das klingt grausam, aber nur auf emotionaler Ebene. Aus der forschenden Denkweise heraus ist es das nicht. Unsere Seele ist bislang eine Forscherin, keine Mutter, auch wenn wir das nicht hören wollen. Es fühlt sich auch nicht gut an, und gleichzeitig erklärt es alles und ist stimmig.

Doch jetzt geht es um etwas Neues, und zwar darum, der Seele zu spiegeln, wie sich das, was sie erschafft, anfühlt, denn das wollte sie ja wissen.
Warum? Damit sie lernt, eine bewusste, liebevolle und mitfühlende Schöpferseele zu sein. Was wäre, wenn die Evolution auch auf seelischer Ebene stattfindet und ebenso in höheren Gefilden immer mehr Bewusstsein entstehen soll?
Seelen haben keine Ahnung vom Menschsein, deshalb kommen sie ja zur Erde. Doch jetzt haben wir so viele Erfahrungen gesammelt, dass wir wissen, was hier funktioniert und was nicht, was wir als menschliche Wesen brauchen, um den Himmel auf Erden zu gestalten, und was weniger hilfreich ist. Wir sind im Bilde, wie machtvoll und zwingend zum Beispiel Gefühle oder Hormone sein können. Wir kennen uns mit dem Menschsein aus.

Wir wollen unserer Seele vertrauen. Wir müssen sogar, denn sonst fühlen wir uns verloren, nicht nur emotional, sondern auch spirituell. Gleichzeitig gehört diese Verlorenheit zum Forschungsprojekt der maximalen Trennung von uns selbst. Das bedeutet: Wir haben alles richtig gemacht. Alles, was wir fühlen sollten, haben wir auch gefühlt, und deshalb dürfen wir aufhören, uns für unsere negativen Gefühle zu schämen, und unserer Seele auf Augenhöhe begegnen.

Damit wir den Kontakt zu unserer Seele wiederherstellen oder besser noch auf einem neuen Level des Vertrauens entstehen lassen können, fragen wir sie zunächst, was sie sich eigentlich dabei gedacht hat, als sie unsere Erfahrungen erschuf. Wir wollen nicht mehr blind und kindlich glauben, sondern bewusst überprüfen und entscheiden, ob wir unserer Seele vertrauen können.
Wenn wir erkennen, dass wir innerhalb eines Forschungsprojektes unserer Seele agieren, dann können wir das bisherige System, also das Forschungsszenario, verlassen. Die Zeit ist gekommen, zu entscheiden, ob wir das schmerzliche Projekt der Trennung, der Dualität, des Entweder-oder, des Abgespaltenseins von allem und jedem und des langen Weges zurück in die bewusste Einheit mit uns selbst hinter uns lassen und unserer Seele neu vertrauen wollen.

Wie funktioniert eigentlich Vertrauen?
Jemandem zu vertrauen, bedeutet, dass wir uns darauf verlassen, dass derjenige hält, was er versprochen hat. Wenn wir unserer Seele vertrauen wollen, dann müssen wir also erst einmal herausfinden, was sie uns überhaupt versprochen hat. Erst dann können wir entscheiden, ob sie vertrauenswürdig ist, sich also an das hält, was sie zugesagt hat.
Eines dürfte uns jedoch klar sein: Mit dem, was uns Religionen oder auch spirituelle Lehrer in Aussicht stellen, kommen wir nicht weiter. Unsere Seele ist so einzigartig, wie wir es sind, und so brauchen wir keine tröstlichen Allgemeinaussagen, die zum Teil sowieso nicht stimmen, sondern eine ganz konkrete Antwort auf die Frage:
Was hat uns unsere Seele versprochen?

Um eine Antwort zu bekommen, treten wir mit ihr in Kontakt. Erinnere dich: Deine Seele, das bist auch du. Sie ist kein nebulöses, hohes Wesen, das du nicht ansprechen darfst, weil nur ein ausgebildeter spiritueller Führer das Recht und das Wissen dazu hat. Deine Seele bist du in einer höheren, nicht stofflichen Bewusstseinsschwingung. Du kannst mit ihr reden. Das sollst du sogar, und zwar auf eine Weise, die zu dir passt. Du kannst blumige Worte wählen, wenn du willst, doch das brauchst du nicht.

Deine Seele ist ein Teil von dir,
daher kannst du mit ihr in Kontakt treten,
wie es dir gefällt.

Tun wir es einfach. Reden wir mit ihr.
Oder vielleicht sogar: Stellen wir sie zur Rede, damit wir lernen können, ihr zu vertrauen.

Übung

Dich mit deiner Seele vertraut machen

Stelle zwei Stühle einander gegenüber. Der eine ist für dich als Mensch, der andere für deine Seele. Wenn du willst, kannst du den Platz deiner Seele schmücken. Tust du das, dann mache das Gleiche mit deinem. Für deine Seele bist du der Rockstar, der Mensch, der sich auf das Abenteuer Leben mitsamt Fühlen, Handeln, Entscheiden und Sterben eingelassen hat.

Setze dich auf deinen Platz, und nimm dich selbst wahr. Wie fühlst du dich, wenn dir deine Seele in deiner Vorstellung gegenübersitzt? Es kann eine merkwürdige Mischung aus Sehnsucht, Scham, Liebe, emotionaler Taubheit und Wut, vielleicht aber auch ganz anders sein. Nimm dir die Zeit, alles zu fühlen, was du fühlst, und lasse es einfach so stehen. Willst du deiner Seele etwas sagen, hast du Fragen an sie? Fasse den Mut, sie zu fragen, was du schon immer von ihr wissen wolltest.

Wechsle jetzt den Platz. Traue dir zu, das Bewusstsein deiner Seele wahrzunehmen. Das bist auch du, deshalb kannst du es. Nimm wahr, wie es dir mit deinem menschlichen Selbst dir gegenüber geht. Fühlst du eine Verbindung? Hast du gehört, was dir dein menschliches Selbst sagen wollte, und kennst du die Antworten auf die Fragen, die es dir gestellt hat? Öffne dein Bewusstsein noch ein wenig weiter, und stelle dir folgende Frage: »Was habe ich dem Menschen, der ich bin, versprochen, als ich mich entschied, zur Erde zu kommen?« Wenn du Antworten wahrnimmst, und sei es auch nur ein wenig, sprich sie aus.

Wechsle wieder den Platz. Nimm wahr, wie es dir mit den Antworten deiner Seele geht. Hat sie ihre Versprechen gehalten? Verstehst du, worum es ging, als du zur Erde kamst? Wenn nicht, dann frage noch einmal nach, und finde die Antworten auf dem Platz deiner Seele. (Fällt dir das zu schwer, weil du noch nicht darin geübt bist, dann bitte einen feinfühligen Menschen deines Vertrauens, sich für dich auf den Platz deiner Seele zu setzen und stellvertretend für sie zu antworten. Die Antworten stimmen dann, wenn sie sich für dich entsprechend anfühlen, auch wenn du sie nicht verstehst oder sie dir nicht gefallen.) Frage deine Seele nun: »Wie gestaltet sich mein Leben im neuen Bewusstsein?«

Wechsle erneut den Platz, und öffne dich für dein Seelenbewusstsein. Auch wenn du noch nicht viel wahrnimmst, so trainierst du damit die Verknüpfungen in deinem Gehirn, und das ist wichtig. Kannst du die Frage, wie sich das menschliche Leben im neuen Bewusstsein gestaltet, beantworten? Vermutlich ja, doch anders, als es sich der Mensch wünscht, weniger konkret. Im Seelenbewusstsein gibt es nichts Konkretes. Lasse deine Antwort in Form von Licht, Symbolen oder einem inneren Bild zum Menschen dir gegenüber strömen, wenn du, Seele, dafür keine Worte findest.

Begib dich wieder auf den Platz des Menschen, der du bist. Öffne dich für die Kraft deiner Seele und ihre Antworten.

Stelle noch nicht die menschliche Frage nach dem Wie, sondern lasse die Kraft deiner Seele in dir wirken. Das Wie entsteht von selbst, wenn sich Seele und menschliches Bewusstsein verbinden, eine Synergie bilden. Fühle, ob du bereit bist, deiner Seele zu vertrauen und in Einheit mit ihr dein Leben neu zu gestalten.

Beende die Übung in der Gewissheit, dass du die bewusste Verbindung zu deiner Seele von nun an jeden Tag stärkst.

Wie fühlst du dich jetzt?
Du hast einen Eindruck des Seelenbewusstseins bekommen und verstehst nun, dass es deiner Seele nicht darum ging, dass du dich auf der Erde sicher und wohlfühlst, sondern darum, die verschiedenen Schwingungsmuster als menschliche Erfahrung zu erleben. Das klingt abstrakt, und das ist es auch, weil die Seele abstrakt ist.

Nutze diese Kommunikationstechnik so oft wie möglich, damit sich die Nervenbahnen in deinem Gehirn entsprechend ausbilden. Du verknüpfst damit dein spirituelles Bewusstseinszentrum im Gehirn mit deinem Alltagsbewusstsein, dem Sprachzentrum und dem Körperbewusstsein. Die Synergie zwischen dir und deiner Seele wird so immer spürbarer, selbstverständlicher, stabiler und damit machtvoller und schöpferischer.

Eine Frage noch: Bist du bereit, lieber Mensch, mit deiner Seele und den Erfahrungen, die sie dir beschert hat, in Frieden zu kommen?
Stopp, nicht so schnell!
Nein ist eine legitime Antwort. Es hat oft genug verdammt wehgetan, war nicht auszuhalten. Wer glaubt, dass Gott einem nie mehr auferlegt, als man tragen kann, liegt falsch. Manchmal ist es zu viel, zumindest hinsichtlich der Erhaltung geistiger und physischer Gesundheit.

Zeigen wir unserer Seele, was wir fühlen! Damit wir wahrhaftig in Frieden mit ihr kommen können, müssen wir ihr unseren tiefsten Schmerz deutlich machen. Wir brauchen sie als Zeugin, und wir brauchen ihre Reaktion auf unseren Schmerz, sonst können wir ihr nicht vertrauen.
Deshalb folgt jetzt eine weitere Übung. Sie hilft dir dabei, die unterschiedlichen Bewusstseinsebenen noch deutlicher zu spüren. Du kannst diesen Dialog auch in einer meditativen Zwiesprache führen.

Übung

In Frieden mit deinen Erfahrungen kommen

Stelle zwei Stühle einander gegenüber. Der eine ist für dich als Mensch, der andere für dich als Seele.

Setze dich auf den Platz des Menschen, der du bist. Denke an ein Erlebnis, mit dem du nicht in Frieden bist, sei es, dass du als Kind unerwünscht zur Erde kamst, du schwere Verluste erlitten hast, krank geworden bist oder, womit auch immer du in deinem Leben haderst. Erlaube dir, zu hadern, verletzt und wütend zu sein und dich im Stich gelassen zu fühlen. Du hast allen Grund dazu. Fühle, was du fühlst.

Verwandle diese Gefühle in deiner Vorstellung in dunklen Qualm. Es ist ein unangenehmes Gefühl, deshalb ist es der Qualm ebenso. Das darf er sein. Stoße nun den Qualm beim Ausatmen aus, und schicke ihn zum Platz dir gegenüber, zu dir als Seele. Doch, mache das. Wenn du Sorge hast, deine Seele zu beschmutzen, dann denke daran: Das hat sie erschaffen, um es zu fühlen. Soll sie es also fühlen.

Wenn du alles ausgestoßen hast, was dich bewegt und belastet, dann setze dich jetzt beherzt auf deinen Seelenplatz. Das bist auch du, das kannst du. Jetzt verkörperst du dich als Seele. Nimm den dunklen Qualm bewusst an. Das mag sehr ungewohnt sein, was daran liegt, dass du keine Gefühle kennst. Das, was dir der Mensch geschickt hat, ist, was du erforschen wolltest: Wie fühlen sich bestimmte Energiemuster an? Dieser Qualm ist dein Forschungsergebnis. Was geschieht in dir, Seele, wenn du diese menschlichen Gefühle auf dein seelisches Bewusstsein wirken lässt? Kannst du anerkennen, dass sich der Mensch, der du auch bist, manchmal nicht gut fühlt mit dem, was dir an Erfahrung wichtig ist? Das war bis jetzt in Ordnung. Nimm wahr, ob dein Forschungsprojekt abgeschlossen ist oder noch bestimmte menschliche Erfahrungen fehlen. Teile deinem menschlichen Gegenüber mit, ob die schmerzlichen Erfahrungen noch gebraucht werden, um Bewusstsein zu entwickeln, oder ob du, Seele, jetzt etwas Neues gestalten möchtest.

Prüfe, Seele, ob es eine Art Bedauern in dir gibt, dass die Erfahrungen, die du machen wolltest, auf menschlicher Ebene oft sehr wehgetan haben. Schicke dem Menschen dir gegenüber jetzt ein goldenes Licht des Mitgefühls. Er, der all das durchgemacht hat, braucht dich und das Gefühl, dass du ihn siehst, liebst und dass du das Erdenleben von nun an liebevoll und gütig gestaltest. Der Himmel auf Erden, das ist deine Liebe und dein Licht in Form von menschlichen Erfahrungen. Jetzt, wo du weißt, wie sich Schmerz anfühlt, kannst du aufhören, ihn zu erschaffen. Womöglich kannst du den Menschen dir gegenüber sogar um Vergebung bitten, dass er all das durchmachen musste, was du erforschen wolltest. Wenn dem so ist, dann bitte um Vergebung, und erforsche von nun an Glück. Du weißt jetzt alles über Schmerz.

Wechsle jetzt wieder auf den Platz des Menschen. Nimm das Mitgefühl der Seele wahr. Kommt ihre Bitte um Vergebung bei dir an? Kannst du ihr vergeben, wenn sie dir verspricht, ab jetzt Glück zu verwirklichen statt Schmerz?

Schicke von nun an deine Gefühle in Form von Qualm zu deiner Seele hin, wenn du ihr mitteilen willst, dass etwas schmerzt oder fehlt. Teile ihr aber auch mit, wenn etwas wundervoll ist. In diesem Fall schicke farbiges, silbernes oder goldenes Licht. Kommuniziere mit deiner Seele regelmäßig auf diese Weise, und gib ihr ab sofort Rückmeldung über das, was du fühlst. Möchtest du sie um etwas bitten, dann sende ihr das damit verbundene Glücksgefühl als goldenes Licht, und sage: »Bitte mehr davon.«

Beende die Übung, und entscheide dich dafür, deiner Seele von nun an bewusst Rückmeldung sowohl zu deinen schmerzlichen als auch zu deinen glücklichen Erfahrungen zu geben, damit sie immer weiß, was du fühlst. Dadurch lernt sie, dir den Himmel auf Erden zu gestalten, denn die Zeiten des Lernens durch Schmerz sind vorbei.

Hat sich etwas verändert? In der neuen Zeit gestalten wir unser Leben bewusst in Synergie mit unserer Seele. Wir sind nicht mehr Ausführende dessen, was sie erforschen will, sondern wir haben ein Mitsprache- und Mitentscheidungsrecht. Wir, Seele und Mensch, sind auf Augenhöhe, weil wir erkannt haben, dass wir beides zugleich sind. Beides bist du, und beides, Seele und Mensch, ist gleichwertig. Die neue Zeit können wir nur verwirklichen, wenn wir ebenbürtig und in synergetischer Verbindung, Mensch und Seele Hand in Hand, weitergehen.

Um uns selbst noch besser zu verstehen, wenden wir uns jetzt der Symbolsprache zu und übersetzen die abstrakten Seelenimpulse in Bilder einer gedachten Innenwelt. Dadurch können wir unser Erleben klarer wahrnehmen und leichter begreifen.

In der neuen Zeit
gestalten wir unser Leben
bewusst in *Synergie*
mit unserer Seele –
auf *Augenhöhe,*
Hand in Hand.

Wie sich unsere Innenwelt zusammenfügt

Wie könnte unser inneres Zuhause aussehen, in dem wir unser Urvertrauen, sowohl das emotionale als auch das spirituelle, neu entwickeln können?

Probieren wir einmal folgendes inneres Bild:
Stelle dir eine wunderschöne Landschaft vor. Sie symbolisiert deine innere Welt, also deine Gefühle, deine Gedanken, deine Seele, deine Sexualität, deinen Körper und deine Handlungen. Es existieren verschiedene Landschaftsbereiche.
Es könnte einen Bereich der Weite und Luft geben, in dem du Pläne schmiedest und viel Raum zum Nachdenken findest. Ein anderer könnte in emotionaler Hinsicht sehr sicher, wunderbar kuschelig und gemütlich sein. Hier könnte zum Beispiel dein Inneres Kind spielen. Ein dritter Bereich sieht vielleicht wie ein gut gepflegter, großer Bauerngarten aus. Hier könnten deine Pläne und Impulse, die du hütest und nährst, bis sie gereift sind, wachsen. Ein weiterer hilft dir eventuell dabei, deine Pläne in Taten zu verwandeln. Er könnte dir den Mut und die Kraft dafür geben, nach außen zu bringen, was in dir gereift ist. Ein fünfter Bereich, vielleicht in der Mitte deiner Landschaft, könnte wie eine machtvolle Lichtsäule sein, in der du deine Seele spüren kannst – gerade so, als bildete sie die Achse deiner Innenwelt. Du könntest in dieser Lichtsäule wie in einem Aufzug auch in andere Stockwerke deines Bewusstseins hochfahren und vielleicht sogar direkt mit deiner Seele Kontakt aufnehmen.

Gefällt dir die Idee einer inneren Landschaft?
Mit diesem Bild arbeiten wir nun weiter. Schauen wir jetzt nach den Bewohnern deiner inneren Landschaft.

Gehen wir einmal davon aus, dass wir als Menschen verschiedene innere Anteile haben. Das ist deshalb hilfreich, weil wir unsere Kräfte dadurch noch besser voneinander unterscheiden und spüren können. Man könnte sagen, dass diese Anteile verschiedenen Gehirnbereichen entsprechen. Wenn wir uns die Anteile bildlich vorstellen, sind wir in der Lage, besser mit ihnen und somit mit uns selbst zu kommunizieren, und genau das wollen wir auch erreichen. Stellen wir uns also vor, dass es in diesen inneren Landschaftsbereichen innere Wesenheiten gibt. Im besten Fall sind sie in ihrem jeweiligen Bereich zu Hause und kümmern sich um das, was es dort zu tun gibt.

Wie gesagt, kann das Innere Kind, über das wir noch reden werden, weil es maßgeblich für dein Urvertrauen zuständig ist, in dem Bereich wohnen, der sicher, gemütlich und kuschelig ist. Es findet dort alles, was es braucht, um glücklich zu sein. Du kannst diesen Anteil auch als deine emotionale Kraft bezeichnen.

Der Bereich, in dem deine inneren Früchte wachsen, die dich und, wenn du das willst, auch andere nähren, kann von einem Anteil bewohnt und gehütet werden, den wir die »Innere Frau« nennen. Sie steht in Kontakt mit den Rhythmen der Erde und weiß, wann welche Früchte reif sind.
Warum ausgerechnet die Innere Frau? Weil sich dieses innere Hüten mit einer Schwangerschaft vergleichen lässt.

Du bewahrst und nährst etwas in dir, was zum richtigen Zeitpunkt geboren werden will. Du kannst die Innere Frau als deine Fürsorgekraft bezeichnen.

Der Bereich, in dem du die Kraft bekommst, um deine von der Inneren Frau gehüteten und genährten Pläne in nach außen gerichtete Handlungen zu verwandeln, kann von dem Inneren Mann versorgt werden.
Warum von dem Inneren Mann? Weil er sich bei der Zeugung nach außen verströmt und deshalb sinnbildlich für die feurige Tatkraft steht. Tut er das nicht, kann er kein neues Leben zeugen. Den Inneren Mann kannst du als deine Tatkraft bezeichnen.
Die Innere Frau steht dem Inneren Mann gegenüber. Sie nährt ihre Pläne, bis sie reif sind. Er bringt das, was sie in sich gehütet hat, nach außen, macht es sichtbar.

Wie wäre es außerdem, wenn wir den Bereich, in dem du klare Gedanken fassen und sowohl analytisch als auch assoziativ denken kannst, dem Inneren Erwachsenen zuordnen würden?
Der Hintergrund ist folgender: Wenn du heranreifst, dann entwickelt sich im Gehirn der sogenannte präfrontale Cortex, die Großhirnrinde. Von hier aus bist du fähig, die Dinge wie von oben zu betrachten. Du kannst in diesem Gehirnbereich im Gegensatz zum limbischen System, dem Emotionalhirn, zwischen dir und anderen Menschen unterscheiden, logisch denken und klare Gedanken formulieren. Im sogenannten Assoziationscortex, der ein Teilbereich der Großhirnrinde ist, ist es dir möglich, abstrakt zu denken sowie Gedanken und Bilder miteinander zu verknüpfen.

Weil du dazu erst in der Lage bist, wenn du herangereift bist, nennen wir den Visionär und Denker in dir den »Inneren Erwachsenen«. Weil er die Dinge mit gesundem Abstand betrachten, verantwortlich planen und handeln kann, steht er dem Inneren Kind gegenüber, das ein emotionales und unbewusstes Wesen hat und im Emotionalhirn entsteht. Den Inneren Erwachsenen kannst du als deine visionäre Kraft bezeichnen.

Bleibt der fünfte Bereich, die Mitte, die Lichtsäule. Hier findest du dein Hohes Selbst, das von verschiedenen spirituellen Lehrern unterschiedlich definiert wird. Lasse es uns in diesem Buch folgendermaßen betrachten: Das Hohe Selbst ist ein Energiezentrum über deinem Kronenchakra. Es enthält die Blaupause dessen, was deine Seele in diesem Leben auf der Erde erfahren und spüren will. Mit »Blaupause« ist der energetische Durchschlag deines Seelenplanes und deiner Seelenverträge sowie die Vorlage zur Umsetzung deiner Bestimmung und deiner Berufung gemeint.

Das Hohe Selbst kannst du dir wie eine feinstoffliche Wesenheit vorstellen, die unbestechlich und geduldig die Abschrift deines Seelenplanes in den Händen hält. Du kannst ihn daher jederzeit abrufen. Das Hohe Selbst wird dir ständig und in jedem Lebensbereich Hinweise auf deinen Seelenplan geben. Umso besser ist es, wenn du direkt mit ihm kommunizierst statt über äußere Gegebenheiten, die du möglicherweise nicht einmal als Richtungsweisung wahrnimmst. Du kannst deine Mitte auch als spirituelle und sexuelle Schöpferkraft bezeichnen. Wenn du andere Begriffe nutzt, um das Hohe Selbst zu benennen, dann bleibe bei dem, was du kennst. Es geht nur darum, dass wir das Gleiche meinen.

Man könnte auch sagen, dass in diesem Bereich dein Bewusstsein zu Hause ist. Von hier aus regierst du dein inneres Reich, bist in Kontakt mit deiner Seele, lässt dich von ihr inspirieren und leiten. Wenn du in deiner Mitte bist, kannst du deine Seelenkraft anzapfen und sie in deinem Leben wirksam werden lassen.

Hast du das Bild der inneren Landschaft mit ihren Bereichen und Kräften verinnerlicht?
Vielleicht kannst du es dir noch besser vorstellen, wenn du an einen Kreis denkst. Je ein Viertel des Kreises bildet einen bestimmten Bereich, die Mitte wird von der Lichtsäule markiert. Wenn dir eine Lichtsäule zu wenig stofflich erscheint, dann stelle dir einen hohen Turm vor, der viele verschiedene Stockwerke hat. Seine Spitze verschwindet in den Wolken, so hoch ist er. Hier wohnt dein Hohes Selbst, und hier oben kannst du mit deiner Seele kommunizieren. Wenn du dir deine innere Landschaft wie einen Kreis vorstellst, dann könnten wir sie »Rad« oder »Lebensrad« nennen. Wir könnten sie auch als »Lebenskompass« bezeichnen, denn der ist auch rund, oder »Medizinrad«, wenn du es schamanisch magst. Im Medizinrad findest du, und deshalb passt der Begriff sehr gut, auch die vier unterschiedlichen Energien und Kräfte, »Elemente« genannt, sowie die Mitte, in der du in dir selbst zu Hause bist.

Wenn wir das Medizinrad oder den Lebenskompass als Grundlage für unsere innere Landschaft und deren Bewohner annehmen, dann können wir die Landschaftsbereiche zusätzlich mit den Elementen Feuer, Wasser, Erde und Luft verbinden. Warum ergibt das Sinn? Wenn wir die

Elemente mit hinzunehmen, dann verstehen wir die Beschaffenheit der Bereiche und deren Bewohner noch besser. Wir kennen die Elemente aus der Astrologie. Auch hier gibt es Luft-, Wasser-, Erd- und Feuerzeichen. Je mehr Bekanntes wir mit Neugelerntem verknüpfen, desto leichter können wir es begreifen, uns merken und anwenden.
Verbinden wir also unsere innere Landschaft mit schamanischen oder astrologischen Elementen.

Die sexuelle und spirituelle Schöpferkraft:

Der zentrale Bereich deiner Innenwelt ist deine Mitte. Sie wird von der sogenannten Mittellinie gebildet. Was ist diese Mittellinie? Stelle dir vor, wie die Eizelle deiner Mutter mit der Samenzelle deines Vaters befruchtet wurde. Die Zellen teilten sich, und dein Körper bildete sich zunächst in Form eines scheinbar unsortierten Zellknäuels. Zwischen dem 15. und dem 20. Tag in der Gebärmutter formte sich aus dem Zellknäuel wie durch ein Wunder eine Orientierungslinie, der sogenannte Primärstreifen. Dieser definierte nun unwiderruflich dein Oben und Unten, dein Vorn und Hinten, dein Links und Rechts und dein Innen und Außen. Um den Primärstreifen, also die Mittellinie, herum entwickelte sich die Wirbelsäule. In der Flüssigkeit der Bandscheibenkerne, des sogenannten Achsenstabs, sind auch im Erwachsenenstadium noch Zellen dieser Mittellinie vorhanden. Du hast also deine Mitte immer physisch bei dir. Sämtliche Körperzellen können sich deshalb durch die noch vorhandenen Mittellinienzellen an die Mitte erinnern.
Die Kraft, die die Zellen dazu bringt, eine Mittellinie zu bilden, finden wir in der Mitte des Medizinrades. Es ist deine ursprüngliche Orientierungskraft, die wir uns als

Lichtsäule, Turm oder auch als Perlenkette vorstellen. Diese Perlenkette steht symbolisch für deine Chakras, die nach unten bis in die Erde und nach oben bis zu deiner Seele und darüber hinaus reichen. Sie sind Energiezentren, die dich mit den verschiedenen Ebenen des Bewusstseins verbinden. Es gibt Chakras, die mit dem Bewusstsein und der Kraft verschiedener Körperbereiche verknüpft sind, und Chakras, die sich im nicht stofflichen Bereich befinden und dich befähigen, mit den geistigen Reichen in Kontakt zu sein. Ganz einfach gesagt: Wenn du zum Beispiel mit Engeln kommunizieren kannst, dann hast du auch ein Chakra auf der Ebene der Engel. Die Mittellinie beschränkt sich in unserem Bild also nicht auf deinen körperlichen Achsenstab, sondern bildet eine unverrückbare Verbindungslinie zwischen Himmel und Erde.

Die Wesenheit, die sich stabil und von Haus aus in der Mitte des Medizinrades befindet, ist, wie gesagt, dein Hohes Selbst. Gleichzeitig brauchen wir dich selbst in deiner Mitte, denn dein Hohes Selbst hat kein menschliches Bewusstsein. Es kann nichts umsetzen, denn dazu braucht es die schon beschriebene menschliche Schöpferkraft. Wollen wir uns darauf einigen, dass du ein Innen-Ich hast? Das bist du selbst mit deinem gesamten Bewusstsein und allen Kräften. Gleichzeitig hast du ein Außen-Ich, das mit seinem Bewusstsein in der Welt agiert. Dieses Bild hilft uns später, wenn wir nach innen reisen.

Deine Mitte ist unverrückbar und vollkommen stabil. Du hast dich um sie herum entwickelt. Du weißt, wie es sich anfühlt, in deiner Mitte zu sein, genauso wie du spürst, wenn du es nicht bist.

Die emotionale Kraft:

Der erste äußere Landschaftsbereich wird durch das Element Wasser gebildet.

Alles Leben kommt aus dem Wasser, und wir Menschen bestehen zu einem Großteil daraus. Es verbindet alle Erdteile und gelangt durch den großen Wasserkreislauf überallhin. Es durchflutet alles, kann sanft oder stark sein, nährend oder zerstörerisch. Die Kraft des Wassers in uns wird mit unserer Gefühlswelt gleichgesetzt. Wir sagen zum Beispiel, dass jemand nahe am Wasser gebaut ist, wenn er in emotionaler Hinsicht empfindsam ist und schnell in Tränen ausbricht. Emotionale Kraft kann wie Wasser zerstörerisch, erstarrt, sanft, zart, fruchtbar oder gewaltig sein. Werden wir gezeugt, so reifen wir im Fruchtwasser heran, deshalb beschreibe ich es hier als erstes Element.

Dieser Landschaftsbereich unserer Innenwelt muss, bildlich gesehen, nicht nur aus Wasser bestehen. Weil er die Heimat unserer Gefühle ist, schenkt er uns Geborgenheit und emotionale Sicherheit, wenn er intakt ist. In der Astrologie finden wir das Element Wasser bei den Sternzeichen Krebs, Skorpion und Fische.

Den Bewohner dieses Landschaftsbereiches nennen wir »Inneres Kind«, weil wir als Kinder in erster Linie aus unserem heute wie damals aktiven limbischen System, dem Emotionalhirn, heraus leben.

Wir gehen in diesem Buch davon aus, dass wir mehrere Innere Kinder haben, denn wir waren ja in verschiedenen Altersstufen Kind. Wir können sie auch als Aspekte des Inneren Kindes betrachten. Lasse dich also nicht davon irritieren, wenn ich den Begriff mal in der Ein-, mal in der Mehrzahl verwende. Je liebevoller und bewusster du deine Inneren Kinder in dir hütest, desto intelligenter und gelassener kannst du in emotionaler Hinsicht werden und desto uneingeschränkter stehen deine Tat-, Fürsorge- und visionäre Kraft deiner spirituellen Schöpferkraft zur Verfügung.

Die Fürsorgekraft:
Der nächste Bereich, den wir uns anschauen, wird vom Element Erde gebildet.
Er symbolisiert in erster Linie den Körper und das Bauchgefühl. Die Erde steht für deinen inneren Halt, deine Widerstandsfähigkeit, deine Stabilität und dein Durchhaltevermögen. Das Element Erde kann aber noch mehr. Es

symbolisiert deine Fähigkeit, Ideen, Visionen und Impulse in dich aufzunehmen und in dir zu bewegen. Du kennst das: Du hörst etwas, es berührt dich, und du verinnerlichst es. Du denkst darüber nach, schmiedest Pläne, fühlst etwas dazu und findest Lösungen, wenn nötig. Diese Fähigkeit des Aufnehmens und Nährens gehört zum Element Erde. Wenn du zum Beispiel jemandem etwas erzählst, er aber nicht richtig zuhört, dann lässt er das Gesagte an sich abprallen. Er stellt dir sein Element Erde nicht zur Verfügung, und das spürst du auch. Wie die Erde Samen und Zwiebeln in sich aufnimmt, sie nährt und den entstehenden Pflanzen weiterhin Nahrung und Halt gibt, so nimmt das Element Erde in dir Ideen und Impulse auf, nährt sie, gibt ihnen Halt und lässt sie zu Projekten heranwachsen. Nutzt du die Kräfte der Erde für dich, bist du gut geerdet. In der Astrologie finden wir das Element Erde bei den Sternzeichen Stier, Jungfrau und Steinbock.

Die Bewohnerin und Hüterin dieses Elementes nennen wir »Innere Frau«. Die Hingabe und die Bereitschaft, Lebendiges aufzunehmen und zu nähren, sind ihre Kraft.

Die visionäre Kraft:
Der dritte Landschaftsbereich ist der des Elementes Luft.
Die Luft steht für das Durchatmen, den gesunden innerlichen Abstand und die Visionen. Im Luftelement können wir klare Gedanken fassen und die Dinge von einer höheren Warte aus sehen. Dieser Bereich symbolisiert den präfrontalen Cortex, die Großhirnrinde, die es uns erlaubt, bewusst und analytisch sowie assoziativ zu denken. Wir können durch den präfrontalen Cortex zwischen uns und

der Außenwelt unterscheiden, wir behalten den Überblick in Bezug auf eine Angelegenheit, können die Folgen unserer Handlungen abwägen und deshalb Verantwortung für sie übernehmen. Wenn wir das Element Luft für uns nutzen, dann behalten wir einen kühlen Kopf und bleiben in jeder Situation entscheidungsfähig. Der innere Landschaftsbereich, der das Element Luft repräsentiert, könnte zum Beispiel ein Berggipfel sein, der dir hilft, dir einen Überblick zu verschaffen und das große Ganze zu sehen. Wenn wir uns im Bereich der Luft aufhalten, dann sind wir auf beste Weise vernünftig und vorausschauend. Wir sind offen für Geistesblitze und können kühnen, großen Gedanken in uns Raum geben. Wir halten auch Undenkbares für denkbar und sind bereit, mentale Komfortzonen hinter uns zu lassen. In der Astrologie finden wir das Element Luft bei den Sternzeichen Zwillinge, Waage und Wassermann.

Die Wesenheit, die hier wohnt und diesen Bereich belebt, nennen wir den »Inneren Erwachsenen«, er ist der gereifte Gegenpol zum Inneren Kind. Wir könnten ihn auch als den »Inspirierten« oder »Visionär« bezeichnen.

Die Tatkraft:

Der vierte Landschaftsbereich wird vom Element Feuer gebildet.

Es verleiht Inspiration, Mut zur Handlung und ermöglicht transformierende Prozesse. Wir können verbrennen, was wir nicht mehr brauchen. Feuerkraft entsteht, wenn Luft und Erde in Form von Holz zusammenkommen und es einen Funken gibt. Diesen Funken könnte man auch »Inspiration« nennen. Er sorgt dafür, dass zwei unterschiedliche

Materialien oder Ideen zusammen etwas Neues ergeben. Feuer will sich ausdehnen. Diese Expansion symbolisiert unsere Handlungen. Handeln wir, dann sind wir im Außen sichtbar und erschaffen neue Umstände, egal, was wir tun. Wir verändern das Gegebene, selbst wenn wir nur den Mülleimer rausbringen oder unsere Wäsche waschen. Wenn du dem Feuer in dir seinen Platz gibst, dann bist du in der Lage, feurig und leidenschaftlich zu agieren. Du willst etwas bewegen, etwas erschaffen, etwas verändern und andere inspirieren. In der Astrologie finden wir das Element Feuer bei den Sternzeichen Widder, Löwe und Schütze.

Den Bewohner dieses Bereiches unserer inneren Landschaft nennen wir den »Inneren Mann«. Er will sich nach außen verströmen und ausbreiten, so, wie sich der Samen eines Mannes verströmen will und muss, um Leben zu zeugen.

Wir haben jetzt ein Bild unseres inneren Zuhauses. Sind alle Kräfte, alle Wesenheiten, in ihrem Bereich und erfüllen ihre Aufgaben, kannst du aus deiner Mitte heraus und in ständiger Zwiesprache mit deiner Seele dein Leben gestalten und meistern. Du fühlst dich vollständig, bist eins mit dir, Seele und Mensch zugleich, geistiges Bewusstsein und irdisches Wesen. Deine Inspirationen, das, was dir deine Seele an Eingebungen schenkt, kannst du ohne Umschweife in Pläne und Handlungen umsetzen. Du lebst aus deiner Mitte heraus und bleibst auch da, egal, was passiert. Die Kraft und die Botschaften deiner Seele strahlen in alle Landschaftsbereiche und sorgen in dir für Harmonie, Einigkeit und ein stimmiges Zusammenwirken deiner Kräfte.

Das klingt so einfach, und doch werden wir oft in einen der äußeren Bereiche gezogen und verlieren dadurch die anderen aus dem Blick.
Wir fühlen uns fragmentiert, verlieren uns in übermäßigem Tatendrang oder sind wie gelähmt. Wir sorgen nicht gut für uns und kümmern uns zu viel um die Befindlichkeiten und Belange anderer, statt aus der Kraft unseres Innersten heraus zu agieren. Wir denken zu viel oder machen uns durch angsterfüllte Gedanken klein, wir fühlen die Gefühle anderer statt unsere eigenen. Wir sind überall, aber nicht in unserer Mitte, und selbst wenn wir dort sind, schweben wir irgendwie über unserer Innenwelt, statt voll und ganz in unserer Mittellinie präsent zu sein. Wir verlieren uns in dem sexuellen Aspekt der Mitte, statt unsere Sexualität als Schöpferkraft zu erfahren, die von unserer Seelenenergie gespeist wird. Oder wir vermeiden unsere Mitte ganz, indem wir unsere Sexualität leugnen oder verneinen, dass wir überhaupt eine Seele haben.
Wir dürfen wissen:

Dort, wo wir uns mit unserem Bewusstsein
und unserer Aufmerksamkeit befinden,
ist unsere gefühlte Mitte.

Wenn du dich zum Beispiel mit deinem Bewusstsein in erster Linie im Wasserbereich deiner Innenwelt aufhältst, also aus dem Inneren Kind heraus lebst, dann sendest du deine Impulse von dort in den Rest deiner Innenwelt. Die übrigen Kräfte reagieren so, als wären die Botschaften deiner

Gefühlswelt das vorherrschende Gesetz, und richten sich entsprechend aus.
Du denkst die Gedanken des verletzten Inneren Kindes: »Bitte sorge für mich … Passe auf mich auf … Mich hat keiner lieb … Ich kann es nie jemandem recht machen … Es geht sowieso nie um mich …«, und handelst so, dass es nicht weiter verletzt wird. Du kannst nicht Nein sagen, nicht tun, was du wirklich willst, sondern machst es anderen recht. Du vermeidest alles, was dich beschämen könnte, musst immer recht haben und weißt auf alles eine Antwort oder verschanzt dich hinter einem generalisierten »Ich weiß es nicht«. Oder du wirst süchtig nach einer Handlung oder einem Stoff. Und du nutzt deinen Körper, um die Gefühle des Inneren Kindes nicht spüren zu müssen, indem du zu viel isst, trinkst oder rauchst, ständig den nächsten Adrenalinkick suchst, indem du dich gefährlichen Situationen aussetzt, oder dich am liebsten gar nicht bewegst. Vielleicht nutzt du sogar Sex, um dein verletztes Inneres Kind nicht spüren zu müssen. Deine Fürsorge dient der Kontrolle derer, die sich stellvertretend um dein Inneres Kind kümmern sollen und die du bei der Stange halten willst, damit du dich sicher fühlst.

Bist du mit deinem Bewusstsein in erster Linie in der Luft, dann denkst du sehr viel, du planst, kontrollierst und fällst Werturteile. Deine Handlungen, dein Feuer, richten sich auf Kontrolle aus, und du lebst tendenziell eher in der Vermeidung statt im beherzten Zupacken. Deine Gefühle sind dir fern. Du kontrollierst durch die Luft das Fließen des Wassers, denkst Gefühle, statt sie zu fühlen. Du spürst deinen Körper nicht, sondern befindest dich mit deinem Bewusstsein fast nur im Kopf.

Verstehst du das Prinzip?

Deine für die übrigen Landschaftsbereiche maßgebliche Mitte definiert sich durch den Bereich, in dem du dich vorwiegend aufhältst. Deine wahre Mitte bleibt dabei zwar sicher, aber auch ungenutzt.

Doch keine Sorge. Deine Seele und ihr Abgesandter, dein Hohes Selbst, locken, rufen und führen dich dennoch. »Du kommst schon noch in deine Mitte, egal, wie, verlasse dich darauf«, scheinen sie zu sagen. Wie wäre es also, wir gingen freiwillig hin und schauen nach, was sie uns anbietet?

Sind alle deine
inneren Kräfte in ihrem
Bereich, kannst du aus deiner
Mitte heraus und in ständiger
Zwiesprache mit deiner
Seele dein Leben
gestalten und
meistern.

Wie wir uns mit unserer Mitte verbinden

Gleich, wie verletzt du bist, was du erlebt hast, wie fragmentiert oder verloren du dich fühlst, du kannst jederzeit ohne Umwege in deine Mitte zurückkehren.
Warum ist das so?
Weil du sie in Form von Mittellinienzellen im flüssigen Kern der Bandscheiben hast und sie somit immer da ist.

Probieren wir es einmal aus. Danach schauen wir uns an, wie du dafür sorgen kannst, stabil in deiner Mitte zu bleiben. Dafür biete ich dir verschiedene Übungen an. Die erste zielt auf deinen Körper ab. Du aktivierst deine physische Mittellinie und bringst sie in Übereinstimmung mit deinem Bewusstsein und deiner Seele. Die zweite ist eine innere Reise und bezieht sich auf deine innere Landschaft und auf deine emotionale und energetische Verbindung zu deiner Seele. Fange mit der Übung an, die sich für dich einfacher anfühlt, aber mache bitte beide. Mit der dritten bringst du deinen Körper und deine Innenwelt in Übereinstimmung, synchronisierst sie. Lies die Übungen zuerst neutral durch, denn sie enthalten Informationen, die dir schon vorab beim Durchführen helfen.
In der anschließenden vierten Übung kommst du in Kontakt mit deinem Hohen Selbst, das in deiner Mitte auf dich wartet, und befragst es zu deiner Bestimmung und deinem Seelenplan.

Übung

Körperlich in deine Mitte kommen

Mache es dir bequem. Wenn möglich, lege dich mit gerader Wirbelsäule auf den Rücken, oder setze dich aufrecht hin. Du darfst jetzt deine Aufmerksamkeit nach innen lenken und dich selbst spüren, egal, was andere gerade von dir wollen. Es gibt nichts mehr für dich zu tun. Du brauchst niemandem zu gefallen.

Richte deinen Fokus auf deine Wirbelsäule. Zwischen den Wirbelkörpern befinden sich die Bandscheiben, die eine Flüssigkeit enthalten. In dieser Flüssigkeit befinden sich Urzellen, aus denen heraus deine physische Mittellinie entstanden ist.

Stelle dir vor, du könntest mit diesen Zellen Kontakt aufnehmen, und gehe davon aus, dass sie das auch wollen. Sie sind da, um deine Mitte zu bilden und dir eine Orientierung zu geben. Visualisiere, dass diese Zellen leuchten können. Denke oder sage: »Mittellinie ausrichten und leuchten.« Jetzt leuchten alle Zellen deiner Mittellinie.

Denke oder sage: »Bitte Mittellinie mit Bewusstsein synchronisieren.« Dein Bewusstsein und die Kraft deiner Mittellinie verbinden sich. Du fühlst dich stärker in deine Mitte gezogen.

Denke oder sage jetzt: »Seelenplan, Hohes Selbst und Mittellinie synchronisieren.« Danach: »Kronenchakra und Mittellinie synchronisieren.« Und anschließend: »Wurzelchakra und Mittellinie synchronisieren.«

Denke oder sage abschließend: »Mittellinie und alles, was zu mir gehört, synchronisieren.« Nimm wahr, was in dir passiert, und lasse es geschehen. Wenn du dich stabil und in deiner Mitte fühlst, öffne die Augen wieder.

Du kannst diese Übung zu deiner täglichen Routine werden lassen.

Innere Reise

Die Mitte deiner Innenwelt finden

Mache es dir bequem. Du darfst deine Aufmerksamkeit nach innen lenken und dich selbst spüren, egal, was andere gerade von dir wollen. Es gibt nichts mehr für dich zu tun. Du brauchst niemandem zu gefallen. Erlaube dir, dich zu entspannen.

Stelle dir ein Tor vor. Dahinter findest du deine innere Welt. Gehe hindurch, und schaue dich um. Du befindest dich in einer zauberhaften Landschaft. Vor dir schwebt ein Heißluftballon. Sein Korb befindet sich nur ein paar Zentimeter über dem Boden und schaukelt sachte. Jetzt setzt er sanft auf dem Boden auf. Die Tür des Korbs öffnet sich, und du steigst ein.

»Bringe mich in meine Mitte«, sagst du, und der Ballon hebt ab. Vielleicht gleitet er nur ein paar Handbreit oder einige Meter über dem Boden dahin, oder er steigt hoch in die Lüfte. Er weiß, was gerade für dich passt, und findet die ideale Höhe. Du genießt die Fahrt und entspannst dich immer mehr.

Jetzt siehst du die strahlende Lichtsäule oder den Turm, der sich in deiner Mitte erhebt. Du fühlst ein Kribbeln. Es ist, als kämst du endlich nach Hause, und so ist es auch. Der Ballon landet sachte. Du spürst die Lebendigkeit und Lebensfreude, die dein Mittelpunkt ausstrahlt. Hier kommen Seele und

Körper, Seelenplan und Schöpferkraft zusammen, und das fühlt sich so richtig und stimmig an, dass du dich fragst, wo du nur die ganze Zeit über gewesen bist. Du steigst aus und gehst in deine Mitte.

Jetzt bist du angekommen. Wie auch immer deine Mitte aussieht, gehe hinein. Stelle dich in die Lichtsäule, oder betritt den Turm. Es gibt hier einen Platz, einen bequemen Sessel oder einen Thron, der nur dir gehört und von dem aus du dein Reich regieren kannst. Setze dich, und nimm wahr, was mit dir geschieht. Du spürst vielleicht zum ersten Mal bewusst die Kraft deiner Mitte. Denke oder sage: »Bewusstsein mit Mitte synchronisieren.« Nimm das Licht wahr, das von hier ausgeht.

Jetzt, wo du in deiner Mitte angekommen bist, bist du sicher und am richtigen Platz. Von hier aus kannst du deine ganze Innenwelt in Ordnung bringen, und das tun wir später auch.* Für dieses Mal stelle dir vor, du bleibst in deiner Mitte und kehrst gleichzeitig mit deiner Aufmerksamkeit in den Raum zurück, in dem du dich befindest. Du hast ein Innen- und ein Außenbewusstsein und kannst deshalb gleichzeitig innen und außen bewusst sein.

* Siehe innere Reise »Mit der Kraft deiner Seele deine Innenwelt heilen und befruchten«, S. 87.

Übung

Deinen Körper und deine Innenwelt in Übereinstimmung bringen

Es mag sich zunächst ein wenig ungewohnt anfühlen, mit deinem Bewusstsein im Körper und in deiner Innenwelt zugleich zu sein, wie ein innerer Spagat. Lasse es dennoch so weit zu, wie du kannst. Es geht genau um diese Verknüpfung.

Mache es dir bequem, und stelle dir deine Mittellinie im Körper vor. Sie leuchtet und strahlt. Die Mittellinienzellen sind wie Glühwürmchen, die dir den Weg weisen. Komme mit deiner Aufmerksamkeit in der Mittellinie an.

Stelle dir jetzt vor, du sitzt oder stehst in der Mitte deiner inneren Landschaft. Mache es dir auch hier bequem, und nimm deinen Platz ein. (Du kannst diesen und den nächsten Schritt auch vertauschen, je nachdem, wie es dir leichter fällt.)

Wenn du mit deiner Aufmerksamkeit so gut wie möglich gleichzeitig bei den Mittellinienzellen und in deiner Innenwelt bist, denke oder sage: »Mittellinie und innere Mitte synchronisieren.« Stelle dir vor, dass sich deine körperliche und deine innere Mitte übereinanderschieben und miteinander verschmelzen.

Wenn du das Gefühl hast, deine körperliche Mitte sei nun wie eine Radnabe, um die herum deine innere Landschaft kreisen oder schwingen kann, dann hast du deine Welten in Übereinstimmung gebracht, sie synchronisiert. Möglicherweise nimmst du es auch anders wahr.

Es kann sich ungewohnt anfühlen, dass die Mitte deiner Innenwelt in der Wirbelsäule verankert ist. Lasse dieses Gefühl auf dich wirken, und komme jetzt mit deiner Aufmerksamkeit in den Raum zurück, in dem du dich befindest.

Hast du schon einmal von der sogenannten Kundalini-Energie gehört? Das ist deine sexuelle Schöpferkraft, die sich sinnbildlich in Form einer zusammengerollten, schlafenden Schlange am unteren Ende der Wirbelsäule befindet. In einem intensiven Erweckungs- und Auferstehungsprozess entwickelt sich die Kundalini-Energie, indem sich die Schlange entrollt und durch die gesamte Wirbelsäule hindurch aufsteigt. Das geschieht zum Beispiel durch ein spezielles Yoga oder durch Tantra. Wir können die Kraft deiner Mitte, die entsteht, wenn du die physische Mittellinie mit der Mitte deiner Innenwelt synchronisierst, mit der Erweckung der Kundalini-Kraft gleichsetzen oder zumindest vergleichen.

Treffen wir nun, wie versprochen, dein Hohes Selbst. Es hütet deinen Seelenplan und kennt deinen irdischen Weg. Zur Erinnerung: Die Botschaften, die du für dieses Leben brauchst, bekommst du in erster Linie von ihm.
Wozu dient das, kannst du deinen Seelenplan nicht direkt von deiner Seele abrufen?
Doch, das geht, aber das Hohe Selbst kann mit bestimmten Gehirnteilen kommunizieren und stellt dir die Essenz dessen, worum es in diesem Leben für dich geht, auch dann zur Verfügung, wenn du noch nicht in der Lage bist, bewusst mit deiner Seele zu sprechen. Wir könnten sagen, dass es dem freien Willen übergeordnet ist. Deinen Seelenplan gibt es auch dann, wenn dein Bewusstsein noch nichts davon weiß.

Dein Hohes Selbst gibt dir Hinweise, wenn du einen Weg gehst, der nicht stimmig ist, indem es über deine Chakras mit deinem Körper kommuniziert und dir zum Beispiel ein unangenehmes Bauchgefühl bereitet oder sogar für Krankheiten sorgt, wenn du deinen mit der Seele verabredeten Weg zu lange nicht gehst. Du hast also einen übergeordneten Richtungsweiser, der auch dann funktioniert, wenn du unbewusst oder sogar bewusst in die Irre gehst. Ein Weg, der anderen sehr schmerzlich erscheint, kann dennoch für dich genau der richtige sein, weil deine Seele bestimmte Erfahrungen machen will, um noch mehr Bewusstsein zu entwickeln. Was also »in die Irre gehen« bedeutet, lässt sich von außen nicht einfach daran erkennen, dass jemand etwas tut, was nicht stimmig zu sein scheint.

Wenn wir wirklich wissen wollen, ob der eigene Weg oder auch der eines anderen dem Seelenplan entspricht, dann brauchen wir andere Werkzeuge als unser oft vorschnelles Urteil. Machen wir uns die Mühe, genauer hinzuschauen. Nur weil etwas von außen nicht stimmig aussieht, kann es, wenn wir uns näher mit unserem Weg oder auch mit dem eines anderen befassen, durchaus genau das sein, was nötig ist, um noch mehr Bewusstsein in bestimmten Lebensbereichen zu entwickeln. Dass wir damit keinen Missbrauch oder Ähnliches rechtfertigen, versteht sich von selbst.

Um mit deinem Hohen Selbst zu kommunizieren, nutzen wir wieder die Technik des leeren Stuhls, weil sie einfacher und direkter durchzuführen ist als eine innere Reise. Du fühlst dein Hohes Selbst wahrscheinlich besser, wenn du dich auf seinen Platz setzt, als wenn du ihm in einer Meditation begegnest. Möchtest du ihm dennoch lieber in einer inneren Reise begegnen, dann begib dich mithilfe deines Ballons in deine Mitte, und triff es dort.

Übung

Mit deinem Hohen Selbst sprechen

Stelle zwei Stühle einander gegenüber. Der eine ist für dich, dein menschliches Selbst, der andere für dein Hohes Selbst. Nimm dir etwas zu schreiben.

Begib dich auf deinen Platz, und stelle dir vor, dein Hohes Selbst sitzt dir gegenüber. Schreibe auf, welche Fragen du hast, und stelle sie dem Hohen Selbst dir gegenüber laut.

Nimm wahr, wie es dir geht, wenn du deinem Hohen Selbst gegenübersitzt. Mache dir bewusst: Es ist nur für dich da. Es kennt deinen Seelenplan und achtet darauf, dass du ihn einhältst. Solltest du eine gewisse Strenge oder Unnachgiebigkeit bei ihm spüren, dann stimmt deine Wahrnehmung. Es hütet dein kostbarstes spirituelles Gut, deine Blaupause für dieses Leben auf der Erde.

Wechsle jetzt den Platz, und verkörpere dein Hohes Selbst. Hier kennst du die Antworten auf die Fragen, die du zuvor gestellt hast. Glaube dem, was du wahrnimmst, und sprich die Antworten laut aus, insbesondere dann, wenn sie anders sind, als du es dir wünschst. Wenn du willst, kannst du sie auch aufschreiben.

Spüre die Klarheit auf diesem Platz. Wenn du keine Fragen gestellt hast, dann wird dir jetzt bewusst, was im Moment für dich wichtig ist. Erlaube dir auf diesem Platz, eventuelle Kurskorrekturen zu erkennen und gleichzeitig wahrzunehmen, in welchen Lebensbereichen alles stimmig ist, selbst wenn es sich nicht immer so anfühlen mag.

Setze dich jetzt wieder auf den ersten Platz. Wie geht es dir? Wie war der Kontakt zu deinem Hohen Selbst? Du kannst es jederzeit treffen und dich von ihm führen lassen, es ist immer da. Je öfter du mit ihm in Kontakt kommst, desto selbstverständlicher wird es zu einem stets wahrnehmbaren Teil deines Bewusstseins.

Entscheide dich dafür, von nun an regelmäßig mit deinem Hohen Selbst in Verbindung zu treten.

Es kann sich sehr ungewohnt anfühlen, das Hohe Selbst zu treffen. Es kommt einem oft streng und wenig liebevoll vor, also ganz anders, als man es erwarten könnte. Wenn wir uns klarmachen, dass es dafür da ist, uns unseren Seelenplan und unsere Bestimmung auf Erden zugänglich zu machen, dann verstehen wir, dass es sehr deutlich und möglicherweise sogar unbeugsam sein muss. Unser Seelenplan ist allerdings keineswegs in Stein gemeißelt. Wir können verhandeln, wobei selbst die Änderung des Seelenplans auf noch höheren Ebenen zum Seelenplan gehört.

Ein großes Ziel deiner Seele ist es, bewusster Schöpfer deiner Wirklichkeit zu werden und das menschliche und das seelische Bewusstsein in Übereinstimmung zu bringen.

Je weniger falschen Respekt du vor deiner Seele hast und je mehr du dich auf Augenhöhe mit ihr begibst, desto besser können sich dein menschliches und dein seelisches Bewusstsein synchronisieren.

Es gibt Menschen, die gegenüber ihrer Seele Scham empfinden, weil sie manchmal sehr unfreundliche Gedanken und Gefühle haben oder nicht immer nach bestem Wissen und Gewissen handeln.
Das brauchst du nicht. Du bist auf der Erde, bist ein Mensch, hast Gefühle und musst mit sehr vielem klarkommen. Es gibt keinen Grund, dich für deine Bereitschaft, all das durchzumachen, und für die entsprechenden Folgen zu schämen. Es ist leicht, »rein« zu bleiben, wenn man keinen Körper

hat und nicht sterben kann, mache dir das immer wieder klar. Dein Weg auf der Erde ist der mutigste, den du als Seele überhaupt nur gehen kannst. Dass du dir als Mensch in emotionaler und mentaler Hinsicht die Hände schmutzig machst, lässt sich nicht vermeiden. Es ist alles gut. Bringe dich selbst einfach nach Hause. Du bist auf dem besten Weg dorthin, indem du deine Mitte in Besitz nimmst.

Jetzt, wo du in deiner Mitte angekommen bist, stellt sich dir sicher die Frage, wie du dort bleiben kannst.
Die Antwort ist einfach, aber nicht leicht: Indem du dich dafür entscheidest.

Damit du frei wirst und es dir leisten kannst, in deiner Mitte zu bleiben, schauen wir uns in deiner übrigen Innenwelt um. Wenn sich hier einiges in allzu großer Unordnung befindet oder fragmentiert ist, dann wirst du aus deiner Mitte herausgerissen, weil du ständig Erste Hilfe leisten musst, um deine inneren Katastrophengebiete zu retten oder um zu vermeiden, sie zu spüren.
Anders gesagt: Wenn es in dir schmerzliche Bereiche gibt, dann bist du so daran gewöhnt, dass diese Bereiche den gefühlten Mittelpunkt deiner Innenwelt bilden, dass es dir fremd und sogar falsch vorkommen kann, in deiner wahren Mitte zu bleiben. Es könnte sich anfühlen, als ließest du dich selbst oder andere im Stich, wenn du in deiner wahren Mitte bleibst und von dort aus deine Innenwelt mit Seelenkraft erfüllst. In Wahrheit geschieht auf diese Weise Heilung: Du durchflutest deine Innenwelt mit der Kraft und dem Licht deiner Seele. Damit du das tun kannst, schauen wir uns deine Innenwelt nun genauer an.

Willst du deine Innenwelt gleich mit der Heilkraft deiner Seele fluten, dann hilft dir die folgende innere Reise. Möchtest du zuerst genauer verstehen, wie deine Innenwelt entstanden ist und was sie braucht, dann komme später auf sie zurück.

Zur Erinnerung und als Vorbereitung für die innere Reise: Durch deine Mittellinie sind dein Innen und dein Außen definiert. Damit du dich in beide Richtungen, also nach innen und nach außen, bewegen kannst, hast du auch für beide Richtungen ein Bewusstsein.
Wenn wir gleich in deine Innenwelt reisen, triffst du dein Innen-Ich. Sonst kommst du an, und deine Mitte ist leer. Das wollen wir nicht. Das Innen-Ich bzw. Innenbewusstsein brauchst du, damit du in der Außenwelt agieren und gleichzeitig in deiner Innenwelt bewusst in der Mitte anwesend sein kannst. In der inneren Reise kannst du mit deinem Innen-Ich verschmelzen, es als eine Wesenheit deiner Innenwelt wahrnehmen, mit der du in Austausch kommst, oder du erlebst, dass du, wenn du in der Innenwelt ankommst, den Platz des Innen-Ichs einnimmst. Damit wollen wir erreichen, dass deine Mitte nicht auf einmal wieder leer ist, wenn du in die Außenwelt zurückkehrst.
Findest du für dich ein besseres Bild, dann nutze es.

Innere Reise

Mit der Kraft deiner Seele deine Innenwelt heilen und befruchten

Mache es dir bequem. Du bist in Sicherheit. Erlaube dir, nichts mehr zu tun. Du brauchst niemandem zu gefallen. Es ist alles gut. Du darfst dich ungestört deiner Innenwelt zuwenden.

Stelle dir vor, du gehst durch ein Tor, das dich in deine Innenwelt führt. Dahinter wartet dein Heißluftballon auf dich. Du steigst ein, und er schwebt mit dir zum Mittelpunkt deiner Innenwelt. Du siehst dich selbst in deiner Mitte wirken. Dein Außen-Ich und dein Innen-Ich sind nun beide da. Es kann sein, dass dein Innenbewusstsein anders aussieht als dein äußeres Erscheinungsbild. Dein Innen-Ich zeigt sich in deiner wahren Gestalt.

Dein Ballon landet sachte, und du steigst aus. Gehe zu deinem Innen-Ich, und begrüße es. Möglicherweise verschmilzt du während des Aufenthaltes in deiner Innenwelt mit ihm. Gemeinsam kommt ihr in deiner Mitte an. Je nachdem, wie sie aussieht, könnt ihr nun im Turm ganz nach oben steigen oder euch in der Lichtsäule nach oben ziehen lassen. Je höher ihr kommt, desto heller wird es. Dein Bewusstsein verändert sich, je mehr Lichtkraft vorhanden ist, und du spürst, wie sich etwas in dir immer weiter öffnet.

Jetzt seid ihr schon sehr weit oben. Du spürst die Kraft deiner Seele. Sie zeigt sich dir wie ein wunderbar warmes und zugleich sehr klares Licht. Du fühlst dich sicher und geborgen im Licht deiner Seele. »Ich bin du, und du bist ich«, hörst du eine Stimme, und du weißt, du und deine Seele, ihr gehört untrennbar zusammen. »Durchströme meine Innenwelt mit deiner lichtvollen Kraft«, sagst du oder sagen dein Außen- und dein Innen-Ich.

Augenblicklich spürst du, wie deine Seele sehr viel Energie durch die Lichtsäule oder den Turm nach unten schickt. Von hier oben aus könnt ihr sehen, wie sich eine Lichtwelle ringförmig in alle Richtungen ausbreitet. Die Seele schickt immer mehr Licht, bis alle Landschaftsbereiche von ihren Lichtwellen geflutet sind.

Was heute durch das Seelenlicht heil werden darf und kann, wird nun heil. Es kann sein, dass du auf einmal Nebel oder sogar Gestalten siehst, die in Richtung Seele schweben und mit ihr verschmelzen. Das sind Anteile von dir, für die es Zeit wird, ins Licht zurückzukehren, weil ihre meist schmerzlichen Erfahrungen jetzt vorbei sind. Lasse alles geschehen, wie es geschehen will. Das Licht deiner Seele nimmt deine innere Landschaft in Besitz, und deshalb darf und muss alles gehen, was nicht mehr passt.

»Innenwelt mit Seelenplan synchronisieren«, denkst oder sagst du, und so geschieht es. Du spürst, dass sich etwas in deiner inneren Landschaft verändert und stimmiger wird. »Seelenplan mit Mittellinie synchronisieren«, denkst oder sagst du jetzt, und du kommst noch mehr in deiner Mitte an.

Langsam schwebt ihr in der Lichtsäule wieder hinab, oder ihr steigt die Stufen im Turm hinunter. Lasse dein Innen-Ich in deiner Mitte weiterwirken, und verabschiede dich von ihm. Ihr seid eins, und gleichzeitig bringt dich der Ballon jetzt zurück zum Tor, durch das du nun wieder deine Außenwelt betrittst.

Du kannst diese innere Reise so oft unternehmen, wie du möchtest. Deine Innenwelt kann nur davon profitieren, regelmäßig von der Kraft deiner Seele geflutet zu werden. Lasse dabei immer geschehen, was geschehen will. Du kannst deiner Seele vertrauen. Weil das so ist, folgt jetzt eine Visualisierung, mit der du jedes Problem, ob persönlich oder global, mit deiner Seelenkraft lösen kannst.

Du kannst deiner Seele vertrauen.

Übung

Aus deiner Seele Kraft schöpfen

Stelle dich in deiner Vorstellung in die Mitte deiner Innenwelt. Du bist jetzt mit deiner Seele und deren unermesslicher Kraft verbunden, außerdem mit den Welten, mit denen deine Seele ihrerseits verbunden ist, und mit den Welten, mit denen diese Welten verbunden sind.

Denke an das Thema, für das du eine Lösung brauchst, egal, was es ist. Lasse die Gefühle zu, die du in Bezug auf dieses Thema hast.

Bitte nun darum, dass dieses Geflecht aus meist äußerem Thema und den dadurch in dir ausgelösten Gefühlen zu einem Symbol wird. Dieses Symbol steht für die Energieschwingung, in der du dich in Bezug auf dein Thema befindest. Lasse es erscheinen, statt es zu erfinden, hinterfrage es nicht, versuche nicht, es zu erklären, sondern vertraue ihm.

Schicke jetzt dieses Symbol in der Lichtsäule oder im Turm nach oben ins Licht deiner Seele. Denke oder sage: »Himmel auf Erden.«

Sofort oder nach einer Weile kehrt ein neues Symbol zu dir zurück. Vertraue ihm, gleich, ob du es verstehst oder nicht. Es ist angereichert mit der Kraft deiner Seele und dem Bewusstsein aller Welten. Denke oder sage:

»Synchronisieren.« Dadurch wird die Energie, die durch das neue Symbol dargestellt wird, mit deiner Innenwelt in zeitliche Übereinstimmung und damit in deine Gegenwart gebracht. Mehr gibt es heute nicht zu tun.

Falls doch noch Innenweltarbeit ansteht, dann wirst du das in den nächsten Tagen spüren, weil sich das dahinterliegende emotionale Thema zeigen wird. Für heute lasse es gut sein.

Wir haben verstanden, wie wichtig das Vertrauen in uns selbst, in unserer Seele sowie in unsere Beziehung zu ihr ist. Schauen wir jetzt genauer, was wir brauchen, um dieses Vertrauen noch weiter zu entwickeln und zu stabilisieren.

Wie unsere Innenwelt in Schieflage gerät

Im vorherigen Kapitel steht: »Damit du frei wirst und es dir leisten kannst, in deiner Mitte zu bleiben …«
Was soll das denn heißen, und warum solltest du es dir nicht leisten können?
Beobachten wir einmal, wie unsere innere Landschaft entsteht, wenn wir zur Welt kommen, damit wir verstehen, warum wir den leichten und selbstverständlichen Zugang zu uns selbst und unserer Seelenkraft verloren haben.

Um die Erschaffung unserer Innenwelt zu veranschaulichen, stellen wir uns Folgendes vor: Während der Befruchtung fällt ein gleißender Lichtstrahl, bestehend aus Seelenkraft, in einen Ozean, gerade so, wie die Sonne das Meer beleuchtet. Der Lichtstrahl trifft auf den Grund des Meeres, der auf ihn reagiert. Magma steigt aus dem Innersten der Erde auf, erkaltet im Wasser und bildet eine Felssäule, einen sogenannten Kamin, der stetig höher und dicker wird. Die Felssäule hat ihren Ursprung tief in der Erde und wird gleichzeitig vom Seelenlicht beschienen. Sie wächst dem Lichtstrahl entgegen und nutzt ihn als Leitlinie. Diesen Kamin können wir mit deiner Mittellinie gleichsetzen. Sie wächst und wird immer stabiler und größer, bis sie irgendwann das Tageslicht erblickt.
Du wirst geboren. Deine Innenwelt ist jetzt wie eine kleine Insel inmitten eines riesigen Ozeans. Die Felssäule ist zum Sockel der Insel geworden. Wir erinnern uns: Das Element

Wasser wird mit Gefühlen gleichgesetzt. Nach und nach wird die Insel immer größer, und es bilden sich verschiedene Landschaftsbereiche aus. Das Wasser wird ein Teil der Landschaft, doch es dominiert nicht mehr alles. Der stabile Felssockel, auf dem die Insel ruht, bleibt das Zentrum. Er wird immer dicker und stabiler, weil er weiterhin von Mutter Erde gespeist wird.
Als heranwachsender Mensch erforschst du deine innere Landschaft. Du erkennst, welche Kräfte hier wirken, welche Früchte du ernten kannst, welche Möglichkeiten du hast. Die Insel wird zum Kontinent. Alle deine inneren Anteile finden hier sowohl ein Zuhause als auch genau die richtige Aufgabe. Sämtliche Bereiche deiner Innenwelt sind zugänglich und fruchtbar. Die Innenwelt ist durch den immer stabiler werdenden Felssockel geerdet. Du bist in dir selbst zu Hause, hast alles, was du brauchst, um deine Gaben und Talente zu entfalten und um dich sicher und geborgen zu fühlen. Dein Kontinent, deine Innenwelt, ist deine Wohlfühlzone, hier bist du sicher und geschützt.

Stelle dir vor, dass du in der Mitte deiner jetzt großen Insel, deines Kontinents, in einem wunderschönen Anwesen mit einem hohen Turm wohnst. Kennst du »Die unendliche Geschichte« von Michael Ende? Die Hüterin Phantásiens, die Kindliche Kaiserin, lebt in einem prächtigen Palast, dem Elfenbeinturm, in der Mitte Phantásiens. So ungefähr kannst du dir auch die Mitte deiner inneren Landschaft vorstellen. Die Kraft deiner Seele strömt wie ein Lichtstrahl permanent in diesen Turm und verteilt sich von dort aus in alle Richtungen, sodass jeder deiner Landschaftsbereiche ständig von ihr beschienen wird. Die Seelenkraft enthält deine Lebensaufgabe und das grundlegende Gefühl, in jeder Hinsicht richtig und ein Teil des großen Ganzen zu sein. Du weißt, wer du bist. Du bist eins mit der spirituellen Kraft deiner Seele und kommst gar nicht auf die Idee, du könntest dich von ihr entfernen. Die Wesenheiten, die die Landschaftsbereiche versorgen und nutzen, geben dir regelmäßig Meldung über das, was in deiner Innenwelt geschieht, damit du gegebenenfalls reagieren kannst. Sie stellen dir alle Kräfte zur Verfügung, die du brauchst, um auch deine Außenwelt zu gestalten. Weil das so ist, kannst du es dir, wie gesagt, leisten, in deiner Mitte zu bleiben. Du kannst dich darauf verlassen, dass die inneren Wesenheiten ihre Bereiche bewohnen und nutzbar machen. Du musst nicht ständig herumreisen und darauf achten, dass alles läuft, und dir gegebenenfalls Notfallmaßnahmen ausdenken, sondern du regierst dein Reich entspannt von deiner Mitte aus, wo sich der Kraftstrom deiner Seele befindet.

Noch einmal, damit wir es nicht aus den Augen verlieren:

- In deiner Mitte bist du sowohl mit deiner Seelen- als auch mit deiner Erdkraft verbunden. Du weißt, wer du bist, was du auf der Erde willst, und du verlässt dich auf deine innere Führung. Du vertraust dir selbst, fühlst dich beseelt und strahlst das auch aus. Dein dort ansässiges Hohes Selbst hilft dir, deinen Seelenplan umzusetzen. Deine Schöpferkraft ist aktiv.

- In der Gefühlswelt leben deine Inneren Kinder sicher und geschützt. Sie spielen, können sich frei entfalten und fühlen sich dort zu Hause. Deshalb kannst du im Außen selbstsicher und entspannt auftreten.

- Du bist in deinem Körper daheim, spürst, was er braucht, und nutzt den nährenden Halt, den er dir gibt. Du bist mit deiner Intuition, deinem Bauchgefühl, verbunden und kannst in dir selbst zur Ruhe kommen.

- Du kannst klar und frei denken, lässt dich gern inspirieren, deine Gedanken sind kreativ und kühn. Du bist in der Lage, die Dinge von einer höheren Warte aus zu betrachten und so das große Ganze zu erkennen. Dadurch kannst du kluge und vorausschauende Entscheidungen treffen und die Verantwortung für sie übernehmen.

- Du bist in der Lage, das in die Tat umzusetzen, was du von innen heraus tun willst. Du bist handlungsfähig und zielorientiert und kannst deshalb dein Leben auch im Außen gestalten. Deine Tatkraft dient deinen Visionen. Deine Handlungen sorgen deshalb dafür, dass du sicher und stabil in deiner Mitte bleiben kannst. Du tust, was du sagst, und bist somit zuverlässig, insbesondere dir selbst gegenüber.

Das klingt wunderbar, oder?
Wir sind in uns selbst zu Hause, haben alles, was wir brauchen, um unsere Lebensaufgabe zu erfüllen, und – das ist das Beste – wir wissen sogar, welche Aufgabe das ist. Wir fühlen uns geführt, von unserer Seele gehalten, sind unser eigener Kontinent. Wir müssen uns nicht im Außen auf die Suche nach Liebe, Anerkennung und Geborgenheit machen, weil alles, was wir brauchen, bereits in uns ist und reift. Wenn wir Verbindungen eingehen, seien sie beruflich oder privat, dann, weil es passt, nicht, weil uns etwas fehlt.

Wir haben den Mut, uns auf das Leben und seine Abenteuer einzulassen, weil wir fest und sicher auf unserem eigenen Kontinent leben.

Wahrhaft erfolgreiche und glückliche Menschen wissen das. Wenn wir Erfolg nicht nur am Verdienst, sondern am Grad der Zufriedenheit messen, dann sind diese Menschen erfolgreich, weil sie in sich zu Hause sind und deshalb den Mut haben, ungewöhnliche Wege zu gehen. Sie sind inspiriert, weil sie in Kontakt mit einer höheren Kraft stehen, sind emotional unabhängig und dadurch auch bindungsfähig. Sie setzen um, was sie für sich selbst als wahr und wichtig erachten, und lassen sich nicht vor die Karren anderer spannen. Sie sind gerade deshalb sehr hilfsbereit, weil sie auch liebevoll Nein sagen können. Sie nehmen ihr Leben und ihre Lebensaufgabe ernst, weil sie wissen, dass sie ein Teil eines größeren Ganzen sind. Sie schätzen und achten ihren Körper und gehen pfleglich und liebevoll mit sich selbst um.

Jetzt stellt sich die berechtigte Frage: Was ist schiefgelaufen? Warum fühlt es sich an, als sei unsere innere Welt kein stabiler Kontinent, sondern eher ein Inselchen, das im endlosen Meer treibt? Warum haben wir manchmal sogar den Eindruck, wir seien gar nicht auf unserer eigenen Insel, sondern Erntehelfer, Rettungsdienst und Mutter oder Vater der Inneren Kinder auf den Inseln und Kontinenten anderer? Warum fühlen wir uns, als sei unser eigener innerer Kontinent Einwanderungsland für alle, die Asyl suchen, gerade so, als hätten andere Menschen keine eigenen inneren Inseln oder Kontinente?

Bleiben wir weiter im Bild des inneren Kontinentes mit den verschiedenen Bereichen und schauen uns an, wo das Problem liegt.

Stellen wir uns wieder vor, ein Lichtstrahl, der direkt aus deiner Seele kommt und alle Informationen enthält, die du brauchst, um deine Lebensaufgabe zu erkennen und zu meistern, fällt auf die Erde, und zwar zunächst in das Wasser. Warum? Das hat drei Gründe: Zum einen steht das Wasser für die Flüssigkeit in der Gebärmutter, das Fruchtwasser. Zum anderen steht es für den Liquor, das sogenannte Hirnwasser. Das ist jene Flüssigkeit, die dein Gehirn und dein Rückenmark umspült und sie beschützt. In der Kraniosakraltherapie wird der Liquor auch »flüssiges Licht« genannt. Sein langsames Pulsieren ist die erste Bewegung, die im entstehenden Körper stattfindet. Der Liquor pulsiert bereits vor dem Herzschlag. Zum Dritten steht das Wasser im Schamanismus für Gefühle. Man weiß inzwischen, dass Embryos die Emotionen der Mutter und ihrer Umgebung wahrnehmen und eventuell sogar zu verarbeiten versuchen. Das Wasser, von dem wir in diesem Bild reden, wird also von den Gefühlen der Mutter und dem, was sie aus ihrer Umgebung auffängt, bewegt.

Der Licht- und seelische Richtstrahl trifft auf den Grund und fragt die Erde nach einem Energiefluss. Diese antwortet mit einem Magmastrom, denn sonst entsteht dein Körper erst gar nicht. Die ersten Zellen bilden sich, und die Felssäule, die Mittellinie, entwickelt sich nach etwa 15 bis 20 Tagen. Wird diese Mittellinie gestört, zerbricht sie, und dann kann kein Leben entstehen. Deine Mittellinie ist also unbedingt intakt, sonst wärst du nicht hier.

Doch was könnte passieren, wenn der Felskamin zwar entsteht und wächst, aber Risse bekommt, weil das ihn umgebende Wasser durch die Gefühlswelt deiner Mutter und ihrer Bezugspersonen wie deinen Vater und deine Großeltern zu stürmisch ist?
Wodurch könnte das Wasser zu stark bewegt werden?
Vielleicht hat deine Mutter Angst vor der Verantwortung, will im Moment nicht Mutter werden, wird von außen attackiert, verlassen, beschämt oder was sonst noch alles an Verletzungen möglich ist. Wenn der Sockel deiner Innenwelt Risse bekommt oder nur unzureichend stabil wächst, dann verlierst du ständig Kraft. Das ist nicht allzu schlimm, denn er trägt deine Innenwelt trotzdem. Doch sie kann nicht so groß und vielfältig werden, wie es gedacht war. Dir fehlt Energie. Es kann sein, dass du dennoch sehr viel tust und schaffst, doch es ist anstrengender, als es sein sollte.

Der geschwächte, aber noch genügend stabile Sockel wächst weiter und durchbricht die Wasseroberfläche. Eine Insel entsteht, du wirst geboren. Auf einmal gibt es nicht nur Wasser, sondern auch Luft, Sonne und fühlbare Erde. Diese noch sehr kleine Insel bildet deine Mitte. Hier treffen sich Körper und Seele. Die Insel wird größer, weil die Erde immer weiter Material in Form von Magma zur Verfügung stellt.

Was wäre, wenn die Wellen, die deine Insel umgeben, so hoch schlagen würden, dass du von ihr fortgespült wirst? Wenn du auf einer fremden Insel stranden und glauben würdest, sie wäre dein Zuhause, weil du noch nicht zwischen dir selbst und anderen Menschen unterscheiden kannst?

Was würde passieren, wenn durch zu hohen Wellengang Stücke deiner Insel abbrechen und im Meer versinken würden? Oder Stücke deiner Insel scheinbar von deiner inneren Landschaft abgespalten werden, so, als würde sich ein sehr breiter Fluss durch deine Landschaft ziehen, dessen gegenüberliegendes Ufer du nicht erkennen kannst? Was wäre, wenn bestimmte Landstriche immer wieder vom Meerwasser überflutet würden und sich in eine Salzwüste oder in salziges Brachland verwandelten?

Und was wäre, wenn deine Insel Zuflucht für Schiffbrüchige würde, die sich auf einmal benehmen, als gehöre sie ihnen, weil du noch zu klein bist, um sie zu verteidigen? Sie ernähren sich von den Früchten, die auf deiner Insel wachsen, trinken dein Süßwasser und heben deine Bodenschätze.

Was wäre, wenn zwar Magma fließen und deine Insel stetig größer werden würde, doch weil der Sockel nicht so ist, wie er sein sollte, bildet sich neben deiner Insel eine zweite? Sie gehört dir, doch das kannst du nicht wissen und nicht erkennen. Und so liegt sie brach oder wird von anderen bevölkert.

Wirbelstürme könnten deine wachsende Insel zerstören, Feuersbrünste dafür sorgen, dass Teile nicht mehr bewohnbar sind. Deine Insel könnte auch durch das zusätzliche Magma anderer Menschen zu schnell zu groß werden. Dadurch entstünden Landschaftsbereiche, die nicht zu dir gehören würden und um die du dich dennoch kümmern müsstest.

Probieren wir einmal etwas aus. Dein Inneres kennt sich mit Symbolsprache aus. Es kann dir zeigen, auf welche Weise deine Innenwelt fragmentiert wurde, damit wir sie nach und nach in Ordnung bringen können. Unternehmen wir eine innere Reise und schauen uns den Zustand deiner inneren Landschaft an.

Innere Reise

Wie es in deiner Innenwelt aussieht

Lege etwas zu schreiben bereit, dann mache es dir bequem, und erlaube dir, deine Innenwelt in Form von inneren Bildern zu erleben. Entscheide dich, dem zu glauben, was du wahrnimmst, auch wenn du es nicht sofort verstehst. Symbolsprache scheint nicht logisch zu sein, wenn man sie aber übersetzt, dann ist sie es durchaus.

Entspanne dich. Es gibt jetzt nichts mehr für dich zu tun. Deine Innenwelt darf deine ganze Aufmerksamkeit in Anspruch nehmen. Erlaube dir, die Außenwelt für eine kleine Weile zu verlassen. Sie kommt auch einmal ohne dich klar.

Stelle dir vor, du gehst durch ein Tor. Es führt dich in deine innere Welt. Wenn du hindurchgegangen bist, siehst du einen großen Heißluftballon, mit dem du eine Luftfahrt unternehmen kannst. Auch wenn du normalerweise Angst davor hast, dich in die Lüfte zu erheben, so fühlst du dich in diesem Moment vollkommen sicher, und das bist du auch. Alles ist gut.

Du steigst mühelos ein. Kaum hast du es dir im Korb bequem gemacht, hebt der Ballon sachte vom Boden ab. Das fühlt sich so leicht und natürlich an, dass du es kaum bemerkst. Der Ballon steigt immer weiter hinauf, bis du deine gesamte innere Landschaft überblicken kannst. Du schaust sie dir genau an. Vielleicht entdeckst du Bereiche, die scheinbar nicht dazugehören. Von hier aus erkennst du, dass sie durchaus Teil deiner Innenwelt sind. Andere, von denen du dachtest, es seien deine, gehören zu den Landschaften anderer, auch das erkennst du von oben.

Während du dahingleitest, wird dir bewusst, auf welche Weise deine innere Landschaft nicht so ist, wie sie gedacht war und sein sollte. Du erkennst sogar den Unterwassersockel, von dem aus sie entstanden ist. Du kannst von hier oben aus noch nichts ändern, und das brauchst du auch nicht. Das Wichtige und Neue ist, dass du deine innere Landschaft überhaupt in ihrer Gänze bemerkst.

Jetzt landet dein Ballon wieder sanft an der Stelle, von der aus er gestartet ist. Du steigst aus und gehst durch das Tor wieder in die Außenwelt zurück. Schreibe auf, was du bemerkt hast, damit es im Alltagsbewusstsein nicht untergeht.

Du verstehst deine Innenwelt nun schon ein bisschen besser. Vielleicht wundert dich das eine oder andere Thema in deinem Leben gar nicht mehr, weil du jetzt siehst, auf welche Weise deine innere Landschaft überflutet, zerbrochen oder unterentwickelt sein könnte.

Wir haben darüber gesprochen, ob wir es uns überhaupt leisten können, in unserer Mitte zu stehen und dort zu bleiben, egal, was geschieht.
Du siehst jetzt: Wenn es in deiner inneren Landschaft Teile gibt, die dir Probleme bereiten, dann wirst du dich in erster Linie dort aufhalten, um sie zu lösen. Du bist in Kämpfe verstrickt, versuchst, das Land zu retten, wehrst Eindringlinge ab oder hast in bestimmten Bereichen zu wenig Kraft, um das, was dort entwickelt werden sollte, zur Reife zu bringen. Deine inneren Bewohner, die Wesenheiten, die in ihren jeweiligen Bereichen leben sollten, damit sie dort ihre Kräfte einsetzen, sind in deinen inneren Katastrophengebieten beschäftigt, statt deine Landschaft zum Blühen zu bringen.

Sind wir in uns

zu Hause, haben wir alles,

was wir brauchen, um unsere

Lebensaufgabe

zu erfüllen. Wir fühlen uns

geführt und von unserer

Seele gehalten.

Wie unsere Innenwelt heil werden kann

Weil unsere Innenwelt maßgeblich von unseren unbewussten, kindlichen Erfahrungen geprägt wird, können wir nicht umhin, uns unserem sehr jungen Ich zuzuwenden, wenn wir die innere Landschaft von der Basis her in Ordnung bringen wollen.

Dieses sehr junge Ich nennen wir, wie gesagt, »Inneres Kind«, und wir haben mehrere davon. Wie viele Innere Kinder es sind, lässt sich nicht sagen, denn sie zeigen sich nicht als real existierende innere Wesenheiten, sondern als emotionale Erfahrungsträger. Wir könnten sagen: Wenn wir eine bestimmte kindliche Erfahrung abrufen, sei sie positiv oder negativ, ist immer auch ein Inneres Kind damit verknüpft, nämlich das jüngere Ich, das genau zu diesem Zeitpunkt lebte und diese Erfahrung machte. Es kann sein, dass sich die Inneren Kinder immer gleich zeigen. Es ist aber auch möglich, dass sie unterschiedlich aussehen, je nachdem, was unser Gehirn uns vermitteln möchte. Wir können gegengeschlechtliche Innere Kinder haben, solche mit anderer Hautfarbe, sie können uns ähnlich sehen oder auch nicht.

Weil das Erleben unseres jüngeren Ichs so wesentlich ist, widmen wir uns nun unseren Inneren Kinder.

Die Verlorenheit des Kindes, das wir einst waren und das noch immer in uns lebt, ist so wesentlich und existenziell, dass es unweigerlich unsere gefühlte Mitte bildet. Das bedeutet: Wenn wir uns nicht um es kümmern, dann bleibt

unsere gesamte Innenwelt auf unser verletztes jüngeres Ich ausgerichtet.
Damit wir unsere Inneren Kinder umsorgen und ihnen das Zuhause in uns geben können, das sie brauchen, wenden wir uns einem bestimmten Bereich unserer Insel bzw. unseres Kontinentes zu: dem der Gefühle, des Wassers. Das Wasser oder die sogenannte Ursuppe ist der Ursprung allen Lebens, wie wir wissen. Zugleich ist das für Gefühle zuständige limbische System unseres Gehirns, das sogenannte Emotionalhirn, entwicklungsgeschichtlich ebenfalls sehr alt und damit sehr stark.

Wie sollte deine Innenwelt beschaffen sein, damit sich dein jüngeres Ich dort sicher und wohlfühlt? Wenn du sie frei gestalten könntest: Was würdest du deinen Inneren Kindern als ideale Heimat zur Verfügung stellen?
Widmen wir dieser Frage ein wenig Aufmerksamkeit, weil die Geborgenheit deiner Inneren Kinder ein entscheidender Faktor dafür ist, dass du stabil aus deiner wahren Mitte heraus leben kannst.

Übung

Was deine Inneren Kinder brauchen

Nimm dir Zeit für die Übung. Du hast mehrere Möglichkeiten, sie durchzuführen, je nachdem, was dir mehr Freude bereitet. Natürlich kannst du auch alle Varianten für dich nutzen. Je mehr du dich mit deiner Innenwelt befasst und sie auch im Außen sichtbar werden lässt, desto bewusster wird sie dir und desto realer fühlt sie sich für dich an, weil sich dein Unterbewusstsein immer mehr mit deinem Bewusstsein verknüpft. Du betreibst Gehirnentwicklung.

Stelle eine Collage her. Suche dazu in Zeitschriften nach Bildern, Wörtern und Sätzen, die dir Geborgenheit, Freude, Sicherheit und alles, was sich dein jüngeres Ich wünscht, vermitteln. Male oder drucke Bilder aus, die eine Landschaft zeigen, in der deine Inneren Kinder glücklich wären. Lagerfeuer, Unterwasserlandschaften, fremde Planeten … – was auch immer deine Inneren Kinder jubeln lässt, dürfen sie haben.

Erinnere dich an Märchen- und Fantasiefiguren, mit denen deine Inneren Kinder gern Zeit verbringen würden und denen sie vertrauen. Finde Darstellungen von Kinderzimmern, Baumhäusern, Elfenhöhlen, Zelten, Raumschiffen und allen anderen Behausungen, die ideale Unterkünfte für sie wären. Wenn einige deiner Inneren Kinder mit Tieren und Fabelwesen leben wollen, dann suche auch von ihnen Bilder. Gestalte deine ideale Kinderwelt, in der alles so ist, wie du es dir, als du klein warst, gewünscht hättest. Erlaube deinem jüngeren Ich, insbesondere die verdrängten Wünsche ans Licht zu bringen, die als Spinnerei abgetan wurden, und kreiere Bilder, auf denen ihre Erfüllung dargestellt wird. Sie geben dir vielleicht mehr Kraft, als du es dir vorstellen kannst.

Du wolltest als Kind immer ein Pferd haben, als Meerjungfrau durch das glitzernde Meer gleiten, du wolltest fliegen oder geliebte Wesen, Mensch oder Tier, die du verloren hattest, wiedertreffen? Du wärst gern ein Engel gewesen? Erfülle deinem jüngeren Ich jetzt alle seine Wünsche. Je glücklicher es ist, desto leichter kannst du dein Leben aus deiner wahren Mitte heraus gestalten.

Schreibe eine Liste mit allem, was du dir als Kind gewünscht hast, vom Haustier bis hin zu mehr Geborgenheit, von der zauberhaften Puppe bis hin zur Sehnsucht, endlich gesehen zu werden. Kein Wunsch ist zu banal, zu groß, zu materiell oder zu unerfüllbar.

Notiere alles, was das Kind, das du einst warst und das immer noch in dir lebt, will. Lasse dir dafür ein paar Tage Zeit, denn sicher hast du viele Wünsche verdrängt, weil ihre Nichterfüllung so wehtat. Und ja, du kannst auch aufschreiben, dass deine Mutter nicht sterben oder dein Vater nicht krank werden soll, dass deine Geschwister liebevoll zu dir sein sollen und du in eine andere Familie hineingeboren werden willst. Sogar, dass du in Wahrheit gar nicht auf der Erde sein willst. Verstehst du? Einfach alles, was deine Inneren Kinder wollen und brauchen, bekommt hier Raum.

Gestalte in deiner Wohnung einen Platz für dein Inneres Kind. Lege dir zum Beispiel als Stellvertreter für dein jüngeres Ich eine Puppe zu, die dir als Kind ähnlich sieht.

Besorge außerdem alles, was du brauchst, damit sich dieses Innere Kind wohlfühlt: ein Puppenbett, ein Kuscheltier und so weiter. Kaufe dem Kind das Kleidchen, das es schon immer haben wollte, die Eisenbahn oder was auch immer es braucht, um sich gesehen und geborgen zu fühlen.

Ein Stofftier kann für das heiß ersehnte Haustier stehen, und natürlich darf das auch ein Elefant, ein Äffchen oder ein Krokodil sein. Du kannst auch Kinderbücher oder die Figur eines Schutzengels dazulegen.

Wenn du etwas nicht physisch besorgen willst oder kannst, integriere es als Bild. Du wirst spüren, wenn der Platz komplett ist. Gestalte ihn lebendig, das heißt, verändere ihn immer wieder so, wie es gerade passt und nötig ist. Das Wunderbare ist: Wenn du eine schwierige Aufgabe vor dir hast oder schlichtweg deinen Alltag meistern musst, weißt du dein Inneres Kind – für dich sichtbar und fühlbar – sicher und geschützt in seiner Wohlfühlzone. Es muss, wenn du zum Beispiel arbeiten gehst, einfach nicht mitkommen. Es kann zu Hause bleiben und weiterspielen.

Klingt das alles ein wenig kitschig? Dann ist es umso wichtiger, dass du deinem Inneren Kind seine Wohlfühlzone gibst. Probiere es einmal aus, du wirst dich wundern, wie glücklich und zufrieden dich das machen kann.

Damit du nun dein jüngeres Ich aus den gefühlsmäßigen Katastrophengebieten retten kannst, nutzen wir eine innere Reise. Du hast das ideale Zuhause für dein Inneres Kind geschaffen. Bringen wir es jetzt heim, damit du deine wahre Mitte einnehmen kannst.

Welches Innere Kind ist gemeint? Immer das, das sich in der Reise zeigt.

Deine Innenwelt weiß, was sie braucht,
um heiler und gesünder zu werden.

Wie oft solltest du diese innere Reise unternehmen? So oft wie nötig. Deshalb übe sie, damit sie dir als alltägliches Tool für die Innenweltpflege zur Verfügung steht. Lies sie erst neutral durch, damit du vorbereitet bist und entscheiden kannst, ob du sie allein durchführen möchtest oder dir lieber eine vertraute Person suchst, die dich dabei begleitet.

Innere Reise

Dein jüngeres Ich retten und nach Hause bringen

Gehe in deiner Vorstellung durch ein Tor in deine Innenwelt. Dahinter wartet dein Heißluftballon auf dich. Du steigst ein, und er hebt sachte vom Boden ab.

»Finde meine verlorenen (oder traumatisierten, je nachdem, was heute für dich besser passt) Inneren Kinder«, sagst du, und der Ballon schlägt eine bestimmte Richtung ein. Du schwebst über deine Innenwelt, und auf einmal siehst du unter dir den Bereich, das Märchenland oder den Zaubergarten, in dem deine Inneren Kinder zu Hause sind. Du wusstest vermutlich gar nicht, dass es einen so zauberhaften und für sie idealen Bereich gibt, doch so ist es. Du schaust nach unten und erkennst: Es ist leicht, deine Inneren Kinder zu heilen. Du brauchst sie nur nach Hause zu bringen, und alles ist gut.

Der Ballon schwebt weiter. Wolken verbergen den Blick nach unten, doch du fühlst dich sicher und geborgen im Korb des Ballons. Jetzt landet er. Du weißt nicht, wo du bist, ob du dich überhaupt noch in deiner eigenen Innenwelt befindest, auf dem Kontinent eines anderen Menschen gelandet bist oder dich in einer Art Zwischenwelt aufhältst, doch das ist auch nicht wichtig. Du siehst jetzt eines deiner Inneren Kinder. Es kann sein, dass es ihm scheinbar gut geht, und doch ist es nicht in seinem Zuhause. Vielleicht ist es aber auch verletzt, verängstigt, krank oder versteckt sich. Möglicherweise siehst du es in einer konkreten Situation aus deiner Kindheit oder in einer symbolischen Umgebung. Egal, wie es sich dir zeigt, steige aus, und gehe zu ihm hin. Nimm es in den Arm, und sage ihm: »Ich bin jetzt da. Ich bringe dich nach Hause. Du kannst nichts dafür, und es ist vorbei.«

Nimm dein Inneres Kind auf den Arm, und bringe es in den Korb des Ballons. Sollten andere Personen anwesend sein, zum Beispiel diejenigen, die das Kind verletzt oder traumatisiert, beschämt oder im Stich gelassen haben, so sage ihnen: »Jetzt ist Schluss. Ich bringe mein Inneres Kind nach Hause und erlaube nie wieder, dass es verletzt wird.«

Wenn du das aus irgendeinem Grund nicht allein kannst, dann rufe um Hilfe. Sofort kommen Krafttiere und geistige Wesenheiten aus allen Teilen deiner inneren Landschaft und unterstützen dich. Auch wenn du es noch nicht weißt: Deine Innenwelt wird von sehr vielen Kräften bevölkert, die dir alle zur Seite stehen und dir helfen wollen.

Wenn du dein Inneres Kind gerettet und in den Korb des Ballons gebracht hast, dann erhebt sich dieser wieder in die Lüfte. Es kann sein, dass du jetzt auf einmal dunkle Schnüre siehst, mit denen das Kind an den Boden oder an andere Menschen gebunden ist. Durchtrenne sie energisch. Auch wenn der Ballon nicht abheben kann, weil er auf einmal mit Seilen am Boden festgemacht ist, durchtrenne diese. Schaffst du das nicht allein, dann helfen dir die Kräfte aus deiner Innenwelt.

Jetzt steigt der Ballon auf. Schaue auf das Innere Kind, und nimm wahr, ob es emotionale Lasten trägt, zum Beispiel in Form eines schweren Rucksacks. Nimm sie ihm ab, und wirf sie aus dem Ballon. Sie lösen sich sofort in Luft auf oder verbrennen wie durch Zauberhand in einer violetten Flamme. Sollten sie stattdessen auf den Erdboden oder ins Wasser unter dir fallen, dann verletzen sie niemanden und verwandeln sich in Erde oder Wasser.

Der Ballon schwebt durch die Wolken. Jetzt verliert er an Höhe, und du erkennst, dass ihr euch über dem Zuhause des Inneren Kindes befindet. Der Ballon landet sachte. Sofort erscheinen die liebevollen Lichtwesen, die für das Innere Kind zuständig sind. »Willkommen zu Hause«, sagen sie und holen das Kind aus dem Korb des Ballons. Du siehst, wie sie sich um es kümmern, indem sie ihm genau das geben, was es braucht, um das geschädigte Urvertrauen wiederzuerlangen. Dem Kind geht es gleich viel besser, und du steigst ebenfalls aus.

Verbringe jetzt ein wenig Zeit mit deinem Inneren Kind und seinen Hütern, die wie alles andere in deiner Innenwelt deine eigenen Kräfte versinnbildlichen. Du erkennst, dass dein Inneres Kind in seinem Zuhause sicher, geschützt und glücklich ist. Weil das so ist, kannst du dich getrost vom Ballon wieder zum Tor bringen lassen und in den Raum zurückkehren, in dem du dich befindest.

Während der inneren Reise kann es geschehen, dass der Ballon statt zum Zuhause des Inneren Kindes zum Mittelpunkt deiner Innenwelt fährt. Es ist auch möglich, dass dein Inneres Kind in deiner Mitte aussteigen und sich nach oben in den lichtvollen Raum deiner Seele begeben will. Erlaube das. Dein Inneres weiß ganz genau, wie es sich selbst am besten ordnet.
Wenn die Erfahrungen, die wir in einem bestimmten Lebensbereich machen wollten, abgeschlossen sind, dann kann es sehr gut sein, dass sich die entsprechenden Seelenanteile, die sich auch als Innere Kinder zeigen können, wieder in den nicht physischen Raum der Seele zurückziehen wollen. Das bist immer noch du, jetzt aber wieder losgelöst vom menschlichen Bewusstsein und damit auch von den menschlichen Gefühlen und Gedanken. Lasse das einfach geschehen, forciere es aber nicht. Deine inneren Anteile wissen selbst am besten, wo ihr Platz in deiner Innenwelt ist.

Wechseln wir jetzt vom Abstrakten zum Konkreten und verknüpfen das Bild der inneren Landschaft mit echten Erfahrungen. So verstehst du noch besser, warum sich vieles in dir noch fragmentiert und zerbrochen anfühlen könnte und warum du dich in dir selbst noch nicht wie in der gemütlichsten, sichersten und zugleich am meisten inspirierenden Komfortzone fühlst, die nur möglich ist.

Die *Geborgenheit* deiner Inneren Kinder ist entscheidend, damit du stabil aus deiner *wahren Mitte* heraus leben kannst.

Wenn wir uns von uns selbst trennen

Urvertrauen ist in uns angelegt, das wissen wir. Es bleibt erhalten, wenn wir eine sichere Bindung erleben. Diese Bindung sorgt dafür, dass unsere Bedürfnisse erfüllt werden, ohne dass wir etwas dafür leisten müssen, und sich unsere inneren Landschaftsbereiche entfalten können. Die Wesenheiten, unsere Kräfte, die sie beleben und die in ihnen wirken, wachsen und gedeihen in der für sie richtigen Zeit, wenn wir uns beschützt und gut versorgt fühlen. Wir selbst befinden uns in unserer Mitte, während um uns herum sich alles entwickelt und erblüht.

Werden wir als Baby und Kleinkind nicht richtig versorgt und müssen uns anstrengen, um mit unseren Bedürfnissen gehört zu werden, dann können sich bestimmte Bereiche unserer Innenwelt nicht frei entfalten.
Unsere Wesenheiten nutzen ihre Fähigkeiten, um die Beziehung zu unseren Bezugspersonen, meist den Eltern, zu stärken, statt unser eigenes Inneres zum Erblühen zu bringen. Wir können nicht in unserer Mitte bleiben, sondern stehen wie neben uns. Wir verkörpern das Kind, das unsere Eltern haben wollen, aber nicht unsere eigene innere Welt.
Wir sind also gar nicht anwesend, und so fühlen wir uns auch. Unsere inneren Kräfte sorgen für die Befriedigung der Bedürfnisse unserer Eltern, statt uns dabei zu helfen, unsere Lebensaufgabe zu erkennen und zu erfüllen.

Als Kind sind unsere inneren Kräfte auch noch nicht herangereift. Die Landschaftsbereiche sind zwar in uns angelegt, aber noch nicht vollständig entwickelt.
Wir können uns das so vorstellen, dass die Baumaterialien, die Samenkörner, das Feuerholz und alles, was in den Bereichen gebraucht wird, damit unsere Kräfte wirken können, zwar schon da sind, doch noch nichts aufgebaut ist. Die Kräfte wirken noch nicht. Wir brauchen so lange jemanden im Außen, der das für uns tut, wozu wir noch nicht in der Lage sind, bis wir es selbst können, weil unsere inneren Bereiche und Kräfte entwickelt sind.

Was aber, wenn wir unsere inneren Kräfte nicht richtig entwickeln können, weil wir bereits sehr früh Verantwortung für die Beziehung zu den uns versorgenden Menschen übernehmen müssen? Was passiert dann?
Schauen wir uns das, was so abstrakt klingt, anhand eines Beispiels an.

Lilly ist eineinhalb Jahre alt und lebt wohlbehütet bei ihrer Mutter Clara. Ihr Vater ist zwar anwesend, doch er wollte kein Kind und ist deshalb oftmals nicht verfügbar für die Kleine. Das macht ihr nichts aus, denn Clara ist immer für sie da. Doch langsam wird das Geld knapp, und Clara muss wieder arbeiten gehen. Lilly soll zu einer Tagesmutter. Die Eingewöhnung fällt ihr sehr schwer. Weinend streckt sie Clara die Ärmchen entgegen. »Das muss sie lernen«, wird Clara gesagt, als diese ihr Kind nehmen möchte. »Sie muss verstehen, dass auch andere Menschen für sie da sein können.« Clara hat Herzschmerzen und weiß, dass etwas nicht stimmt. Es ist zu früh, spürt sie, doch andere Mütter nennen sie schon jetzt »Rasenmähermutter«, werfen ihr also vor, alle Probleme ihres Kindes einfach wegzumähen. Clara hat Angst, dass ihre Tochter von ihr abhängig wird, wenn sie nicht lernt, sie loszulassen.

Liebe Clara, Lilly IST von dir abhängig. Ihr Leben und ihre emotionale Entwicklung hängen von dir ab. Das ist eine große Aufgabe, die du schaffst, wenn du dir selbst vertraust und in deiner Mitte bleibst. Wenn du sie jetzt im Stich lässt, dann bekommt ihr Urvertrauen Risse. Sie wird nach und nach unwiderruflich unabhängig werden, früher, als dir lieb ist, mache dir keine Sorgen. Das fällt ihr umso leichter, je liebevoller und bereitwilliger du heute ihre Bedürfnisse erfüllst und je leichter du sie gehen lässt, wenn sie gehen will. Heute will sie das nicht.
Ein für alle Mal: Ein kleines Kind kann nicht zu viel Liebe und Fürsorge bekommen. Wenn es selbst das Maß an Fürsorge vorgeben darf, indem die Eltern auf seine Bedürfnisse reagieren und nicht auf das, was sie selbst in Wahrheit brauchen, dann kann es niemals ein Zuviel geben.

Schauen wir auf Lillys Gehirn und ihre Innenwelt. Ihr inneres Erleben findet noch in erster Linie im sogenannten limbischen System statt, in der irrationalen und unbewussten Welt der Gefühle. Ihr Körper gibt ihr klare Signale über das, was er braucht, und Lilly drückt ihre Bedürfnisse laut und deutlich aus. Sie ist noch nicht in der Lage, zwischen sich und ihrer Mutter oder überhaupt ihrer Umgebung zu unterscheiden. Für sie ist alles, was sie sieht, fühlt und wahrnimmt, Lilly. Es gibt noch keine Welt da draußen und somit auch noch keine Möglichkeit, zu differenzieren. Wird sie nicht

von ihrer Mutter auf den Arm genommen, obwohl diese im Zimmer ist, lernt sie: »Ich werde nicht wahrgenommen. Das, was ich brauche, ist nicht da. Ich werde nicht gehört. Meine Bedürfnisse werden nicht erfüllt.«
Weil es für Lilly noch keine Außenwelt gibt, die nicht Lilly ist, lernt sie, dass es in ihrer inneren Welt nicht alles gibt, was sie braucht. Ihr Bedürfnis nach Geborgenheit und Sicherheit läuft ins Leere. Sie kann noch nicht wissen, dass die Außenwelt manchmal einfach komisch ist, keine Zeit hat und nichts versteht.

Clara spürt es sehr wohl, als Lilly in Schwierigkeiten gerät. Weil sie symbiotisch mit ihr verbunden ist, vernimmt sie Lillys energetisches Ziehen im eigenen Herzen. Doch weil sie das Beste für ihr Kind möchte und noch nicht gelernt hat, dass ihr Herz und ihr Bauchgefühl ihre besten Ratgeber sind, lässt sie sich von mobbenden Müttern verunsichern.

Übersetzen wir Lillys Erleben in die Symbolsprache der inneren Landschaft.
Lilly ist geliebt und wohlbehütet aufgewachsen. Der Sockel ihrer inneren Insel ist stabil und gerade. Sie lebt auf ihrer Insel in einem Ozean aus Gefühlen. Als Kleinkind ist sie vollkommen von den Reaktionen ihrer Umgebung abhängig. Das, was außen geschieht, ist für sie gleichzeitig innen, weil sie noch nicht zwischen sich und ihrer Außenwelt unterscheiden kann.
Wenn der emotionale Ozean Wellen schlägt, egal, wer sie verursacht, dann kann Lilly nur die Ärmchen ausstrecken, damit sie jemand hochnimmt und hält. Dieser jemand ist für sie noch ein untrennbarer Teil ihrer sicheren Insel. In

der geschilderten Situation gab es Wellen im Ozean. Welche, wissen wir nicht, wir wissen nur, dass Lilly um Trost und Sicherheit bittet.

Das kleine Mädchen ist sich nicht darüber im Klaren, dass sie jemanden mit einem eigenen Kontinent, der sich von ihrer Insel unterscheidet, um Hilfe bittet. Sie fühlt und glaubt deshalb unbewusst, dass sich die Hilfe, die sie braucht, innerhalb ihrer eigenen Welt befindet.

Wird sie nicht gehalten, ihr Hilferuf also nicht beantwortet, dann verliert sie das Vertrauen in ihre Insel. Nicht in ihre Mutter, denn diese nimmt sie nicht als getrennt von sich wahr, sondern in sich selbst. Sie lernt, dass sie das, was sie braucht, nicht immer in sich selbst finden kann und dass sie offenbar nicht gehört wird, denn es ist zu schmerzlich, davon auszugehen, dass sie zwar gehört, aber nicht gehalten wird. Das wäre in Lillys Welt schlichtweg zu grausam.

Lilly wird also in ihrer emotionalen Not nicht gehört. Für ein kleines Kind ist das das Gleiche, wie nicht zu existieren. Ein Kind braucht die stetige Erfahrung, dass es mit anderen und mit der Welt wechselwirken kann, dass es eine Rückmeldung erhält. Es braucht für seine eigene Selbstwahrnehmung und Hirnreifung die Bestätigung: »Ich kann dich sehen und hören, ich spüre dich, du kannst mit mir interagieren.« Weil Lilly in ihrem Bedürfnis nach Geborgenheit und Sicherheit nicht adäquat wahrgenommen wird, existiert sie in diesem emotionalen Zustand ab sofort auch für sich selbst nicht.

Trennung geschieht: Sie trennt sich von sich selbst und ihrem Bedürfnis nach Sicherheit ab, erlebt sich als nicht existent, wenn sie Geborgenheit braucht, und kann deshalb auch später als Heranwachsende nicht angemessen auf ihre emotionalen Bedürfnisse reagieren.

Irgendwann spürt sie sie nicht einmal mehr, doch sie sind vorhanden. Sie wird sich andere Möglichkeiten suchen, sich sicher und geborgen zu fühlen, und sich selbst fragmentieren, also sich von sich selbst abspalten. Sie wird sich durch Essen, Trinken oder Rauchen betäuben, ihren Schmerz nach außen schleudern und auf andere projizieren, innerlich erstarren und nach außen hin einfach weitermachen oder sich selbst im Weg stehen und sich das Leben schwer machen, je nachdem, welchen Stresstyp sie verkörpert.*

Könnte Lilly verstehen, dass sie sich auch an jemand anderen als Clara wenden darf, wenn sie Hilfe braucht? Die

* Mehr über Stresstypen findest du im Buch »Und wo bleibe ich? – Selbstliebe und Selbstfürsorge für Angehörige von Depressiven«, Schirner Verlag, 2015.

Tagesmutter ist ja auch noch da. Das hängt vom Grad ihrer Verzweiflung und ihrer Hirnreifung ab. Die Mama- und die Lilly-Insel sind für sie noch eins. Die Transferleistung, jemanden, der anders riecht, sich anders anfühlt, eine andere Aura und eine andere Stimme hat, in einer emotionalen Notlage (Lilly weint) als Trostspender zu erleben, und das, obwohl ihre Mutter da ist, ist völlig unmöglich. Auch ein Erwachsener würde sich in einer emotionalen Notlage an denjenigen wenden, den er kennt und dem er vertraut. Er käme sich im Stich gelassen vor, wenn ihm der engste Vertraute keinen Trost spenden würde, obwohl dieser im Raum ist.

Was passiert nun in Lilly, wenn die Mutter weiterhin nicht reagiert? Sie lernt:

- Obwohl die vertraute Mama-Insel da ist, steht sie ihr ohne ersichtlichen Grund nicht zur Verfügung.

- Lilly hat alles so gemacht wie immer, wenn sie Hilfe braucht, dennoch wird sie dieses Mal ohne ersichtlichen Grund anscheinend nicht gehört und nicht wahrgenommen.

- Irgendetwas ist auf der Lilly- und der Mama-Insel plötzlich falsch, und sie hat keinen Einfluss darauf.

- Wenn Lilly auf einmal nicht gehört wird, dann ist sie vollkommen hilflos und existenziell bedroht, denn sie kann sich noch nicht um sich selbst kümmern.

- Ihre Insel, ihr Zuhause, ihre ganze Welt, ist auf einmal grundlos nicht erreichbar.

- Lilly fängt an, zu flehen, indem sie noch lauter weint, die Ärmchen noch weiter ihrer Mutter entgegenstreckt und sich immer deutlicher bemerkbar zu machen versucht. Sie spürt auch den Schmerz ihrer Mutter, und weil die Lilly- und Mama-Insel, Innen und Außen, noch eins für sie sind, fühlt sie deren Schmerz wie ihren eigenen.

- Mit dem Kontakt zum Außen verliert Lilly den Kontakt zu sich selbst. Sie weint, fleht um Hilfe und verliert sich selbst immer mehr, je länger die Außenwelt, Clara, nicht antwortet. Weil sie den Trost der Tagesmutter noch nicht annehmen kann, wird Lilly immer verwirrter und einsamer. Warum einsam? Weil sie glaubt, nicht gehört zu werden. Sie ist verloren für die Welt, und die Welt ist verloren für sie.

- Lilly kann nur hoffen, dass sich dieser Zustand von selbst wieder ändert, denn sie kann nichts zu einer Verbesserung beitragen.

- Auch wenn die Mutter sich irgendwann erbarmt, hat Lilly gelernt, dass die Beziehung zu ihr instabil ist, ohne dass sie weiß, wodurch sie selbst zu dieser Instabilität beigetragen hat. Weil es noch keinen Unterschied zwischen Innen und Außen für sie gibt, glaubt sie, sie selbst habe diese Instabilität verursacht. Sie wird versuchen, die Beziehung zu ihrer Mutter noch stärker werden zu lassen, indem sie mehr lächelt und alles tut, was bei Clara eine positive Rückmeldung hervorruft. Lilly hat begonnen, um Sicherheit zu kämpfen.

Kann Lilly ihrer Insel jetzt noch vertrauen? Sich auf der Lilly- und der Mama-Insel zu hundert Prozent sicher fühlen? Bestimmt nicht. Die Unsicherheit im Außen bedeutet für ein so kleines Kind unweigerlich auch Unsicherheit im Inneren.

Wenn sie älter wird, lernt Lilly, dass es ein Innen und ein Außen gibt. Kann sie jetzt verstehen, dass ihr Gefühl, auf ihrer eigenen Insel nicht gehört und sogar im Stich gelassen zu werden, durch ihre nicht tröstende Mutter verursacht wurde? Nein.
Erkennt sie, dass der Schmerz, den sie im Herzen gefühlt hat, zu Clara gehörte? Nein.
Weiß sie, dass sie sehr wohl gehört worden sein muss, weil Clara sonst keinen Schmerz erlebt hätte? Auch nicht.

Lilly glaubt von ihrer eigenen Insel, dass es Bereiche gibt, in denen sie nicht gehört wird, und dass diese durch die Liebe und Sicherheit im Außen ausgeglichen werden müssen. Wenn sie Hilfe und Trost braucht, wird sie unweigerlich zu den Inseln derer, die ihr Trost und Hilfe anbieten, überwechseln, statt in sich selbst danach zu schauen. Glaubt sie doch, diesen auf ihrer eigenen Insel nicht zu finden. Ihre Insel bleibt ihr teilweise fremd. Den Teil, der ihr Trost und Geborgenheit vermitteln könnte, hat sie verloren, weil sie ihn mit eineinhalb Jahren nur durch den Trost der Mutter gespürt hätte. Trotzdem – und das ist wichtig – ist dieser Landschaftsbereich da. Lilly weiß es nur nicht.

Ist das nicht ein bisschen übertrieben, könnte man jetzt fragen. Diese Frage zeigt, dass der, der sie äußert, den eigenen Schmerz unterschätzt.

Am Ende hat Clara Lilly doch in den Arm genommen und sich der Tagesmutter widersetzt. Weil sie zunächst jedoch entgegen ihrem eigenen Gefühl gehandelt hat, wandte sie sich an mich, und wir schauten energetisch nach ihrer Tochter.
Clara schloss während der Sitzung die Augen und sah nach meiner Anleitung nach Lillys Aura. Wir fragten nach dem geschilderten Erlebnis, und uns zeigte sich ein dunkler Fleck. Das war eine weitaus größere Auswirkung, als ich erwartet hätte, wurde Lilly doch normalerweise sehr behütet. Wir nahmen den Fleck in ihrem Energiesystem als Ausdruck ihrer Trennung von sich selbst wahr. Heilten wir ihn nicht, würde er bleiben.
Wir gingen in einer inneren Reise in die Situation zurück, in der Lilly verzweifelt geweint hatte und ihre Mutter sich künstlich zurückhalten musste. Ich sagte Clara, sie solle als die Person von heute mit in die Situation hineingehen. Sie war also zweimal da, einmal als die Mutter von damals, einmal als die Frau von heute. Ich sagte ihr: »Gehe zu der Clara von damals hin, und sage ihr, dass sie sich selbst vertrauen darf und muss, dass du an ihrer Seite bist, ihr Kraft gibst und sie stärkst.« Clara stärkte also zunächst sich selbst als Mutter. Dann sagte ich: »Gehe jetzt zu deiner Kleinen, und nimm sie in den Arm, entweder als die Mama von damals oder die von heute, das ist egal. Die Hauptsache ist, du gehst sofort zu ihr hin.« Das tat sie, und der dunkle Fleck wurde kleiner. Sie entschuldigte sich bei Lilly und sagte ihr, dass das Ganze ein Fehler gewesen ist, der nichts über Lilly selbst aussagte. Sie bat Lillys Schutzengel, diesen Fleck zu entfernen, und stellte sich der Tagesmutter entgegen, auch wenn diese innerhalb ihres Systems alles richtig hatte machen wollen. Sie ver-

sprach Lilly, von nun an nur noch dem Herzen und dem Gefühl gemäß zu handeln, und der Fleck wurde noch kleiner. Wir erkannten, dass es Claras Aufgabe war, Sprachrohr für alle Mütter und Väter zu werden, denen ihre Fähigkeit, ihr Kind zu spüren, abgesprochen wurde, und, dass dieses Erlebnis ein Schlüsselerlebnis für ihre Berufung darstellte. Am Ende war der dunkle Fleck verschwunden, doch es dauerte länger, als wir gedacht hatten.

Also nein, das ist nicht übertrieben. Etwas anderes wäre es gewesen, wenn Clara wirklich nicht da gewesen wäre oder keine Zeit gehabt hätte. Dann hätte die Notwendigkeit für Lilly bestanden, sich der Tagesmutter oder einer sonstigen sich anbietenden Schutzperson zuzuwenden, und das hätte sie auch getan. Doch weil ihre Mutter, wie beschrieben, im Raum war, gab es für die Kleine keine Möglichkeit, sich von ihr ab- und jemand anderem zuzuwenden, ohne sich zu Recht im Stich gelassen zu fühlen.
Heißt das, die Mutter hätte den Raum verlassen müssen, damit sich ihr Kind der Tagesmutter zuwendet? Natürlich nicht. Das wäre nur ein Notfallplan gewesen. Lilly war zu klein für eine Trennung von Clara.

Wenn du dich jetzt fragst, ob ich dir, wenn du Mutter oder Vater bist, ein schlechtes Gewissen verursachen will, dann lautet die Antwort natürlich Nein. Darum geht es nicht, sondern um dich und deine Entwicklung. Du bist in diesem Beispiel Lilly, nicht Clara.
Wenn du jetzt sagst: »Ich will als Mutter oder Vater wieder in Ordnung bringen, was in Bezug auf meine Kinder gegen mein Gefühl lief«, dann nutze die folgende innere Reise.

Innere Reise

Deine Versäumnisse wiedergutmachen

Denke an die Situation, in der du dich entgegen deinem Gefühl verhalten und dein Kind im Stich gelassen hast, auch wenn du nicht anders konntest. Ja, du hast Schuldgefühle. Deshalb schauen wir ja hin. Gib es vor dir selbst zu, und gehe in die Situation zurück, auch oder gerade dann, wenn du dich schämst. Lasse die Gefühle zu, die in dir aufsteigen, wenn du dir das Geschehene anschaust, und nimm auch wahr, was dein Kind fühlt. Nicht schön, schon klar. Noch einmal: Deshalb schauen wir ja hin. Das schaffst du.

Lasse jetzt den Moment vor deinem inneren Auge entstehen, in dem du gefühlt oder auch tatsächlich dein Kind im Stich gelassen hast. Keine Ausreden. Wir bringen es in Ordnung, doch das geht nur, wenn wir es unter die Lupe nehmen.

Nimm den Moment wahr, und stelle dir vor, dass du jetzt mit in die Situation von damals hineingehst. Du bist jetzt also zweimal da, einmal als dein Ich von damals und einmal als dein Ich von heute. Beruhige und stärke den Menschen, der du damals warst. Wir sorgen gleich für dein Kind, zuerst aber kümmerst du dich um dich selbst. Vermutlich bemerkst du, dass du damals selbst eher wie ein Kind als wie ein Erwachsener, der sich selbst vertraut, warst.

Gib nun deinem Kind, was es braucht. Nimm es in den Arm, und sage ihm: »Ich bin jetzt da. Ich halte dich. Ich gebe dir alles, was du brauchst.« Wer das tut, ob du als der Mensch von damals oder als der von heute, ist gleich. Bleibe so lange in dem Bild, wie es sich stimmig anfühlt.

Nimm wahr, ob du dich jetzt besser fühlst und sich dein Kind beruhigt hat. Du musst nicht wissen, wie du es damals hättest anders machen können. Du hast es jetzt in Ordnung gebracht und wirst merken, dass die womöglich berechtigten Schuldgefühle aufhören. Es kann sogar sein, dass sich dein Kind, das heute vielleicht schon erwachsen ist, auf einmal anders verhält.

Du kannst diese innere Reise so oft unternehmen, wie du möchtest, und damit vergangene Situationen in Ordnung bringen, die auch heute noch emotional aktiv und somit Gegenwart sind.

Wie sah es in der beschriebenen Situation eigentlich in der Innenwelt von Clara aus? Denn auch sie erlebte eine Trennung von sich selbst. Sie hörte nicht mehr auf ihr dringliches und stimmiges Muttergefühl und hielt es sogar für falsch. Schauen wir uns ihre innere Trennung an, um sie noch besser zu verstehen.

Psychologisch gesehen, hat sie offenbar aus ihrem Inneren Kind heraus gehandelt. Sie wollte alles richtig machen, nicht von der Tagesmutter getadelt werden und hat das Wissen einer anderen Person über ihr eigenes gestellt, obwohl – und das ist der springende Punkt – sie ein sehr schlechtes Gefühl hatte. Die Tagesmutter ist zwar gut ausgebildet und kompetent, doch Clara ist Lillys Welt. Sie ist in Symbiose mit ihrer Tochter und weiß deshalb einfach am besten, was die Kleine braucht.

Manchmal ist es notwendig, schmerzliche Gefühle wahrzunehmen und gleichzeitig nicht ihnen entsprechend zu handeln. Ist es zum Beispiel erforderlich, Lilly gegen ihren Willen zum Arzt zu bringen, weil sie krank ist, dann muss Clara als Erwachsene agieren, sich selbst und ihr Kind beruhigen und sowohl dessen als auch ihre eigenen Gefühle aushalten. Täte sie das nicht, würde sie die Kleine im Stich lassen. Dabei gibt es ein Gefühl von Stimmigkeit und Notwendigkeit, das über dem schmerzlichen Gefühl im Herzen steht. Das ist auch der Grund, warum es nicht immer hilfreich ist, einzig auf dein Herz zu hören. Es ist ein emotionales Organ, keine vernünftiges. Es muss gehört werden, doch auch dein Herz ist »nur« ein Berater. Die letztliche Entscheidung triffst du idealerweise in deiner Mitte.

Im geschilderten Fall dagegen sagten weder Claras Vernunft noch ihr Gefühl für Notwendigkeit, dass sie Lillys Flehen nicht nachgeben sollte. Sie war dennoch nicht in der Lage, ihr eigenes dringliches Empfinden über den Vorschlag und die Bemühung der Tagesmutter zu stellen. Das ist ein Thema des Inneren Kindes, das gefallen will und keine Verantwortung für sich selbst und deshalb schon gar nicht für andere übernehmen kann.

Es schien sich alles um Lilly zu drehen, doch das stimmt nicht. In Wahrheit ging es um Clara. Sie wollte in ihren Beruf zurück, um den Anschluss nicht zu verlieren, was verständlich ist, aber Lilly nicht gerecht wurde. Als wir genauer hinschauten, erkannten wir, dass aber auch das nicht stimmte. Sie wollte vor allem auf Geheiß von Lillys Vater Geld verdienen und dachte, sie müsse das in ihrem ursprünglichen Büroberuf tun, weil sie dort gut bezahlt wurde. Clara wollte beweisen, dass sie sowohl Mutter als auch im Beruf erfolgreich sein konnte, vor allem, um Lillys Vater finanziell nicht zur Last zu fallen. Auch das war verständlich und legitim. Aber nicht auf Lillys Kosten, solange diese noch nicht zwischen der Lilly- und der Mama-Insel unterscheiden konnte, oder?
In Wahrheit wollte Clara sowieso bei Lilly sein, und es gab eigentlich auch schon eine gute Lösung: Ein Kindergarten in der Nähe suchte Personal, auch Quereinsteiger waren willkommen. Das wäre genau das Richtige für Clara gewesen, denn sie hätte Lilly einfach dorthin mitnehmen können. Weil sie aber weniger verdient hätte, hatte sie sich diese Lösung gleich versagt. Dabei hätte sie so das Geld für die Tagesmutter sparen können und wäre somit auf das Gleiche herausgekommen.

Warum sagen wir, dass Clara aus ihrem Inneren Kind heraus gehandelt hat? Sie wollte alles richtig machen, aber hörte nicht auf ihr wahres Gefühl für sich und Lilly. Weil sie nicht in ihrer Mitte stand, kam sie nicht auf die Idee bzw. bestand nicht darauf, dass es eine ideale Lösung für sie gibt. Hier kommt die Seele ins Spiel.

Wenn wir unser Leben bewusst gestalten wollen, dann legen wir sozusagen unsere Karten auf den Tisch und lassen unsere Seele den nächsten Zug machen.

In unserem Beispiel hätte das so ausgesehen: Clara hätte ihrer Intuition für das, was Lilly braucht, vertraut. Sie hätte ihr eigenes Gefühl, sich nicht von ihr trennen zu wollen, ebenso ernst genommen wie ihren Wunsch, Geld zu verdienen. Das scheinen einander widersprechende Wünsche zu sein, doch das sieht nur so aus. Es gibt fast immer eine Sowohl-als-auch-Lösung, wenn wir das Entweder-oder-Denken hinter uns lassen.

Das Leben ist, wie gesagt, Evolution. Gibt es noch keine Lösung für eine Situation, dann entwickelt es eine, wenn wir es lassen und ihm etwas Zeit geben. Wenn wir in der Mitte unserer Innenwelt stehen, verbunden sind mit der Erde, unserer Seele und allem, was dazugehört, dann entsteht ein ungeheures kreatives Potenzial, das neue Lösungen offenbart, selbst wenn es vorher keine in Reichweite zu geben schien. Manche entstehen überhaupt erst, weil wir darauf bestehen, dass es sie gibt, und nicht bereit sind, uns mit Pseudolösungen, die uns von uns selbst trennen, abzufinden. Das ist gemeint, wenn wir von »schöpfen« sprechen.

Clara befand sich, als sie Lilly zur Tagesmutter gab, bereits nicht mehr in ihrer Mitte. Ihr Wunsch, zu beweisen, dass sie alles auf einmal schaffen kann, also sowohl erfolgreich im Beruf zu sein und genug Geld zu verdienen als auch für ihr Kind die bestmögliche Mutter zu sein, setzte sie unter Druck. Das Schlüsselwort der Problematik, durch die sie aus ihrer Mitte herauskatapultiert wurde, ist »erfolgreich« bzw. ihre Definition davon.

Machen wir das Ganze noch komplexer, denn ist es das nicht immer?

Als Clara schwanger wurde, war sie noch nicht lange mit ihrem Partner, nennen wir ihn Max, zusammen. Sie wollte schon immer ein Kind, er hatte bereits zwei. Max hatte eine schmerzliche Scheidung hinter sich und zahlte viel Unterhalt, ohne seine Kinder oft genug sehen zu können. Er hatte sich in seiner ersten Ehe zum großen Teil selbst aufgegeben, um für die Familie sorgen zu können und es seiner Frau recht zu machen. Als die Ehe dennoch zerbrach, schwor er sich, sich ab sofort vorrangig um sein eigenes Leben zu kümmern. Er wollte schlichtweg keine weiteren Kinder, was ein großes Problem darstellte. Als Clara mehr oder weniger versehentlich schwanger wurde, versprach sie Max, auch finanziell für das Kind zu sorgen. Sie hatte Rücklagen, und ihr würde schon eine Lösung einfallen, dachte sie. Max, der sowieso schon sehr viel arbeitete, um den Unterhalt für seine Kinder zu zahlen, konnte und – was legitim ist – wollte auf Dauer keine zweite Familie ernähren.

Clara sah seine Not und auch, dass sein Inneres Kind ständig zurückstecken musste. Max hatte nie so viel Zeit für sich, wie er brauchte und es sich wünschte. Es gab einen sehr großen Konflikt in ihm, als Clara schwanger wurde: Er wollte wirklich keinen weiteren Nachwuchs, aber Clara auch nicht dazu bringen, das Kind nicht auszutragen. Clara geriet ebenfalls in einen Konflikt, der sie von sich selbst und ihrer reinen Freude über ihr Kind trennte: Sie wollte Max nicht verletzen, ihn nicht verlieren, aber unbedingt Mutter werden.
Wie wir schon wissen, versprach sie Max, die finanzielle Verantwortung für das Kind zu übernehmen und ihn nicht damit zu belasten. Doch sie tat noch mehr: Sie übernahm nicht nur die Verantwortung für ihren Wunsch, Mutter zu sein, sondern zum Teil auch für Max' Wohlergehen. Sie versuchte, eine äußere Trennung von Max zu vermeiden, indem sie sich von sich selbst trennte, nämlich von ihrem Bedürfnis, rückhaltlos für ihr Kind da zu sein. Gleichzeitig versuchte sie, seine innere Trennung, auf die wir noch zu sprechen kommen, wiedergutzumachen.

Als ihre Rücklagen zur Neige gingen, musste sie wieder arbeiten. Weil sie nicht nur für Lillys, sondern auch für Max' Wohlergehen sorgen wollte, setzte sie sich das Ziel, so viel Geld wie möglich zu verdienen und ihm zu zeigen, dass sie dafür bereit war, Lilly zeitweise abzugeben, damit er sich nicht belastet fühlte. Sie sorgte also in Wahrheit in erster Linie für Max. Ob er das überhaupt wollte oder nicht, sei dahingestellt. Aus ihrer eigenen Verletzung heraus – denn natürlich hatte es ihr wehgetan, dass Max nicht überglücklich gewesen ist, als sich Lilly angekündigt hatte – wollte sie ihm beweisen, dass sie den Beruf, in dem sie zuvor erfolg-

reich gewesen ist, durchaus wieder ausüben konnte. Was sie aber in Wahrheit wollte, war, einfach nur bei ihrem Kind zu sein.
Bei dem Gedanken, den weniger gut bezahlten Job im Kindergarten anzunehmen, fühlte sie sich wie eine Versagerin. Es kam ihr auch so vor, als würde sie Max verletzen, wenn sie weniger Geld verdiente, weil ihr Lillys Bedürfnisse wichtiger waren. Sie wollte Max' Innerem Kind zeigen, dass sie zu dessen Gunsten sogar ihr physisches Kind hintanstellen würde. Wieder trennte sie sich von ihrem eigenen Bedürfnis, vollständig für Lilly da zu sein. Für Max' Inneres Kind ist aber Max, und zwar er allein, zuständig.

Was hat jetzt auch noch Max' Inneres Kind damit zu tun? Das ist ganz einfach. Da Max sich in seiner ersten Ehe selbst aufgegeben und immer hintangestellt hat, weil er nicht wusste, wie er für seine Frau, die Kinder und sich selbst gleichzeitig sorgen konnte, war sein Inneres Kind verletzt und eifersüchtig. Zudem hatte er in seiner Kindheit nur sehr wenig Zuneigung erfahren. Alles hatte sich immer um seine depressive Mutter gedreht, nie um ihn. Diese Verletzung zeigte sich, als er erneut Vater wurde.
Als Lilly zur Welt kam, kümmerte sich Clara auf eine Weise um sie, wie es Max selbst nie erlebt hatte. War ihm bewusst, dass sein Inneres Kind mit Eifersucht darauf reagierte? Natürlich nicht. Wusste es Clara? Unbewusst ja, weil sie eine so liebevolle und mitfühlende Mutter ist. Und so übernahm sie nicht nur die Verantwortung für Lilly, sondern adoptierte auch noch das bedürftige Innere Kind ihres Partners. Dadurch setzte sie sich selbst einer Zerreißprobe aus. Sie würde auf jeden Fall jemanden verletzen, wenn ihre

finanziellen Rücklagen aufgebraucht waren, entweder Max' Inneres Kind oder Lilly, von sich selbst ganz zu schweigen. Sie suchte nach einem Kompromiss, doch ein solcher ist noch keine echte Lösung. Lilly war zu klein, um ihn aushalten zu können.
Claras Not, als die Tagesmutter ihr riet, Lilly nicht zu halten, ist also nicht nur ein Thema ihres eigenen Inneren Kindes, das alles richtig machen wollte, sondern insbesondere der Mutter in ihr. Sie musste unbewusst entscheiden, welches ihrer Kinder sie im Stich ließ: Lilly oder das Innere Kind von Max.

Komplex und kompliziert genug?
Ich denke ja. Und kennen wir das nicht? Wir glauben, wir träfen eine vernünftige Entscheidung zum Wohle von wem auch immer, doch in Wahrheit geht es um ein viel tiefer liegendes Thema, und deshalb fühlt sich die Entscheidung nicht stimmig an. Clara wollte Max' Inneres Kind nicht verletzen und ihn nicht verlieren, so einfach war das. Deshalb konnte sie nicht mehr ungetrübt wahrnehmen, was die Mutter in ihr in Bezug auf Lilly sagte. Doch Lilly hat nur die Menschen, die sich um sie kümmern. Sie ist wahrhaft abhängig, nicht die Erwachsenen.

Anhand dieses ausführlichen Beispiels schauen wir jetzt nach einer Lösung. Bestimmt findest du dich in allen Beteiligten auf die eine oder andere Weise wieder. Wir beginnen mit Max, denn seine in erster Ehe geschehene innere Trennung ist der Ursprung für die Probleme in der Beziehung mit Clara.

Wenn wir in unserer *Mitte* sind, entsteht ein ungeheures kreatives *Potenzial*, das neue Lösungen offenbart.

Wie wir die innere Trennung überwinden und unsere Bestimmung finden

Wir wissen, dass Max' Mutter depressiv war. Ihre Krankheit war für ihn als Kind wie Treibsand auf dem Kontinent seiner Mutter. Er hat jenen sicher oft zu spüren bekommen, wurde selbst hineingezogen. Es ist leicht vorstellbar, dass es kindliche Anteile von Max gibt, die noch immer darin feststecken, um ihre Freiheit kämpfen und gleichzeitig der Mutter helfen wollen. Und dass diese Anteile so viel Kraft brauchen, dass sie unbewusst zu Max' Mitte geworden sind. Der gefühlte Mittelpunkt seiner inneren Landschaft ist also der emotionale Treibsand seiner Mutter, zumindest so lange, bis er seine Inneren Kinder daraus befreit und sie nach Hause auf seinen eigenen Kontinent holt. Bislang hat er sie aber noch nicht gerettet, weil er nicht weiß, wie.

Damit uns das nicht auch passiert, folgt gleich eine innere Reise, in der wir unsere Inneren Kinder, die wir auf den Kontinenten anderer verloren haben, retten können.
Woran spürst du, dass du ein oder mehrere Innere Kinder verloren hast?

- Du versuchst, es bestimmten Menschen über die Maßen recht zu machen. Das ist der Kampf deiner Inneren Kinder um die Liebe derjenigen, an die du sie verloren hast.

- Du reagierst sehr emotional und bist schnell beleidigt, wenn du dich zurückgewiesen oder nicht verstanden fühlst. Das ist der Kampf deiner Inneren Kinder, gesehen und versorgt zu werden.

- Du fühlst dich auf seltsame Weise an bestimmte Personen gebunden, obwohl dein gesunder Menschenverstand und vielleicht sogar dein Herz längst losgelassen haben. In Wahrheit spürst du die Bindung an dich selbst, an deine Inneren Kinder, die noch bei diesen Menschen leben und auf dich warten.

- Du wunderst dich darüber, weswegen du bei bestimmten Personen so überaus empfindlich reagierst. In Wahrheit ist es die Empfindsamkeit deiner Inneren Kinder, die endlich zu dir nach Hause wollen, ohne dass sie es wissen.

- Du bist aggressiv oder passiv-aggressiv und hast sehr hohe Ansprüche an bestimmte Menschen. Oftmals stehen sie stellvertretend für diejenigen, bei denen deine Inneren Kinder leben und von denen sie sich vergeblich Liebe und Sicherheit erhoffen. Die Enttäuschung und Verlorenheit projizierst du unbewusst auf die Menschen in deiner Umgebung.

- Du hast das Gefühl, wenn du dich um dich selbst kümmerst, dann geschieht das auf Kosten anderer, gerade so, als würdest du sie im Stich lassen. Du spürst, dass die anderen deine Inneren Kinder wie eine Art Kraftquelle brauchen, damit sie sich selbst lebendiger fühlen oder überhaupt am Leben bleiben. Das passiert zum Beispiel, wenn Eltern die kindliche Lebensenergie für sich selbst nutzen, um sich besser zu fühlen. Statt ihre Kraft aus sich selbst zu schöpfen, für ihre Kinder da zu sein und sich an ihnen zu erfreuen, brauchen sie diese für ihr eigenes Weiterleben. Dazu gehört auch, dass ein Kind die Beziehung retten soll oder als einziger Lebensinhalt dient. Und so opferst du deine Inneren Kinder, um die Menschen, die du liebst, mit deiner Lebenskraft zu versorgen. Diese Inneren Kinder zu dir zurückzuholen, kann sehr schwierig sein, weil du nicht möchtest, dass es jemandem, den du liebst, schlechter geht. Wir werden dafür sorgen, dass diejenigen, die du zu retten versucht, etwas Besseres bekommen als die Lebenskraft deiner Inneren Kinder. Dann, und vermutlich erst dann, kannst du sie zu dir zurückholen.

Es müssen nicht alle Punkte zutreffen, und du brauchst auch nicht genau zu wissen, ob du verlorene Innere Kinder hast. Die innere Reise hilft dir, sie aufzuspüren, wenn es sie gibt, und zu dir zurückzuholen. Deine Inneren Kinder sind ein untrennbarer Teil deines emotionalen Systems, und als solche gehören sie zu dir. Die Bindung deiner inneren Anteile an dich ist immer stärker als die Bindung dieser Anteile an andere, wenn du bereit bist, dich selbst uneingeschränkt und bedingungslos wieder zusammenzufügen. Lies die folgende innere Reise zunächst durch, damit du entscheiden kannst, ob du sie allein durchführen möchtest oder ob du dir dabei liebevolle Begleitung wünschst.

Innere Reise

Deine Inneren Kinder zu dir zurückholen (Teil 1)

Bereite dich darauf vor, Zeit mit dir selbst zu verbringen. Entscheide dich dafür, deinen inneren Bildern zu glauben und deine Anteile zu dir zu holen, egal, wie es sich zunächst anfühlen mag. Deine Inneren Kinder haben einen guten Grund dafür, auf den Inseln anderer Menschen um Liebe zu bitten und ihnen ihre Lebenskraft zur Verfügung zu stellen. Diesen Grund wirst du vermutlich zu spüren bekommen, aber das macht nichts. Deine Inneren Kinder gehören zu dir, weil sie ein Teil deiner Gefühlswelt sind, und deswegen solltest du sie zu dir zurückholen.

Mache es dir bequem. Es gibt nichts mehr für dich zu tun. Du brauchst niemandem zu gefallen und es niemandem recht zu machen. Du begibst dich jetzt nur für dich auf eine innere Reise, und das darfst du auch.

Gehe in deiner Vorstellung durch ein Tor. Dahinter wartet der dir schon vertraute Heißluftballon auf dich. Du steigst mühelos ein und sagst: »Finde meine Inneren Kinder.« Schon erhebt sich der Ballon so hoch in die Lüfte, wie es dir angenehm ist.

Du schwebst über deine Innenwelt und siehst deine Mitte funkeln und strahlen. Du nimmst wahr, wie sich ein Lichtschein von der Mitte aus in alle Landschaftsbereiche ausbreitet, und das fühlt sich gut an. Es ist alles in Ordnung, weißt du, während du weiter durch die Lüfte fährst.

Unter dir liegt jetzt der Bereich deiner inneren Landschaft, der wie ein Märchenland aussieht. Du kennst ihn schon, es ist das Zuhause deiner Inneren Kinder. Du siehst vom Ballon aus, dass sich hier sehr liebevolle und vertrauenerweckende Lichtwesen befinden. Es ist wirklich der ideale Ort für deine Inneren Kinder, erkennst du. Hier sind sie sicher und geborgen, können spielen und werden beschützt. Es gibt Höhlen, Baumhäuser und kleine Hütten, damit alle Inneren Kinder einen Rückzugsort haben. Du siehst von oben, dass sich einige deiner Inneren Kinder hier aufhalten, doch du bemerkst auch, dass es leer stehende Bereiche gibt, die noch darauf warten, dass deine Inneren Kinder sie mit Leben füllen. Beim Überfahren siehst du Tiere, die du als Kind sehr geliebt hast, und du kannst es auf einmal kaum erwarten, alle deine Inneren Kinder in ihr Zuhause zu bringen.

Der Ballon gleitet weiter, verlässt den Bereich deiner Inneren Kinder. Du bist und fühlst dich weiterhin sicher und geschützt. Der Ballon fährt dich nun zu einer dir unbekannten Insel. Das ist erlaubt, weil sich hier Anteile von dir befinden. Vielleicht weißt du, wessen Insel es ist, vielleicht auch nicht. Hier halten sich Innere Kinder auf, die zu dir gehören, und der Ballon wird wie magisch von ihnen angezogen. Jetzt nimmst du ein oder mehrere deiner Inneren Kinder wahr. Der Ballon landet sanft, und du steigst aus. Gehe zu deinen Inneren Kindern, und sage ihnen: »Ihr gehört zu mir. Das ist nicht eure Heimat. Ich bringe euch jetzt in euer wunderschönes Zuhause. Dort könnt ihr wohnen und spielen, seid sicher und geschützt. Ihr müsst nie wieder von zu Hause weg, denn dort bekommt ihr alles, was ihr braucht, um einfach ihr selbst zu sein.«

Deine Inneren Kinder steigen in den Ballon ein. Sofort hebt er ab, und ihr verlasst die fremde Innenwelt. Das fühlt sich sehr befrciend an. Nimm deine Inneren Kinder in den Arm, und erzähle ihnen von ihrem Zuhause.

Jetzt schwebt der Ballon wieder über deine eigene Innenwelt, und du fühlst dich noch sicherer als bisher. Sachte landet er im Märchenland der Inneren Kinder. Ihr steigt alle aus. Deine Inneren Kinder schauen sich glücklich und vielleicht auch noch ein wenig verwundert um. Jetzt erscheinen die liebevollen Lichtwesen und bringen deine Inneren Kinder zu ihren Rückzugsorten. Alles Schwere, das sie eventuell tragen, wird ihnen abgenommen, und sie dürfen einfach glückliche, geborgene Kinder sein. Du siehst, wie sie ankommen, sich wohlfühlen, sich ausruhen, wie sie miteinander und mit ihren Tieren spielen. Das Märchenland deiner Inneren Kinder ist nun noch belebter, und fröhliches Lachen ist in deiner gesamten Innenwelt zu hören.

Du steigst nun wieder in den Ballon und lässt dich gemächlich über deine Innenwelt treiben. In aller Ruhe fährt er dich zum Ausgangspunkt deiner Reise zurück. Er landet wie immer sehr sachte. Du steigst aus und gehst friedlich und erfüllt durch das Tor in deine Außenwelt zurück. Im Inneren kommt alles immer mehr in Ordnung, das spürst du, und das fühlt sich sehr gut an.

Du kannst diese innere Reise so oft durchführen, wie du sie brauchst. Ob es nötig ist, erkennst du an den zuvor genannten Verhaltensweisen. Es kann sehr gut sein, dass deine Inneren Kinder in unterschiedlichen Innenwelten, also bei verschiedenen Menschen, verstreut sind. Immer dann, wenn du den Impuls verspürst, lasse dich vom Ballon dahin fahren, wo sich deine Inneren Kinder befinden.

Wie versprochen, kümmern wir uns jetzt um denjenigen, dem du deine Inneren Kinder geopfert hattest, damit er am Leben bleiben konnte oder sich insgesamt besser fühlte. Meist ist es ein Elternteil oder ein Geschwister. Es kann sogar sein, dass derjenige, dem du deine Inneren Kinder zur Verfügung gestellt hast, nicht mehr lebt. Dennoch ist seine Innenwelt für dich noch aktiv, weil sie Anteile von dir enthält.

Innere Reise

Deine Inneren Kinder zu dir zurückholen (Teil 2)

Führe die innere Reise »Deine Inneren Kinder zu dir zurückholen (Teil 1)« bis zu dem Punkt durch, an dem du deine Inneren Kinder in den Heißluftballon einsteigen lässt. Es kann sein, dass manche von ihnen nicht mitkommen wollen, weil sie befürchten, dass derjenige, dem sie bislang Energie gegeben haben, krank wird oder sogar stirbt. Das kann, wie gesagt, auch dann passieren, wenn derjenige nicht mehr lebt, denn auf diesen emotionalen Ebenen gibt es keine Zeitrechnung.

Wenn sich ein oder mehrere deiner Inneren Kinder weigern, in den Ballon zu steigen, rufe das Hohe Selbst desjenigen, den sie zu retten versuchen. Du hast das Recht dazu, denn bewusste Eigenverantwortung und Selbstbestimmung stehen immer über Selbstaufopferung und Mitleid.

Gleich, ob du das Hohe Selbst des anderen erkennst oder nicht, bitte es darum, für den Menschen, dem deine Inneren Kinder helfen wollen, das zu tun, was nötig ist, damit sie gehen können. Möglicherweise erkennst du sogar, auf welche Weise deine Inneren Kinder ihn retten wollen. Nimm jetzt wahr, dass das Hohe Selbst Seelenkraft in die entsprechenden Lebensbereiche hineinschickt und sie so verändert, wie es für heute stimmig und richtig ist.

»Ihr habt alles richtig gemacht«, sagst du deinen Inneren Kindern, »aber wir haben jetzt Hilfe geholt, und ihr könnt nach Hause gehen.« Zeige ihnen, dass sich alles in der inneren Landschaft desjenigen, den sie retten wollten, zum Guten wendet oder dort zumindest mehr Kraft vorhanden ist.

Wenn deine Inneren Kinder jetzt immer noch nicht bereit sind, in den Ballon einzusteigen, dann überprüfe, ob sie durch dunkle Bänder mit dem Menschen, in dessen Innenwelt ihr euch befindet, verbunden sind. Falls dem so ist, dann durchtrenne sie. Es sind deine Inneren Kinder, deine Kräfte, sie gehören zu dir, und deshalb darfst du die Entscheidung treffen, sie mit zu dir zu nehmen.

Bringe nun deine Inneren Kinder mithilfe des Ballons nach Hause, wie es in der inneren Reise »Deine Inneren Kinder zu dir zurückholen (Teil 1)« beschrieben ist.

Auch diese innere Reise kannst du so oft durchführen wie nötig. Schwebe einfach mit dem Ballon los. Wenn es noch Anteile von dir gibt, die sich bei anderen Menschen aufhalten, dann findet er sie. Das gilt für alle Anteile, wobei die Erfahrung zeigt, dass es fast immer Innere Kinder sind, die bei anderen Schutz und Halt suchen oder sie retten wollen. Bist du innerlich komplett, dann hebt dein Ballon erst gar nicht ab, wenn du ihn bittest, dich zu ihnen zu bringen.

Zurück zu Max. Weil seine Inneren Kinder noch in Not sind, sind sie, wie gesagt, der gefühlte Mittelpunkt seiner Welt, obwohl sie auf dem Kontinent der Mutter leben.
Wie sind sie dahin gekommen?
Wir wissen, dass es für kleine Kinder keinen Unterschied zwischen der eigenen Innenwelt und der ihrer Bezugsperson gibt. Wenn ein Kind ungefähr eineinhalb Jahre alt ist, gewinnt es allmählich die Erkenntnis, dass es ein Innen und ein Außen gibt. Es ist leicht, sich vorzustellen, dass während dieser Phase innere Anteile in den Innenwelten der versorgenden Personen hängen bleiben können. Denn nur, weil das Kind erkennt, dass es eine eigene Innenwelt hat, hat es noch längst kein Bewusstsein für seine eigenen inneren Anteile. Es muss bestimmte Anteile auf den inneren Kontinenten der Personen, die sich um es kümmern, zurücklassen, wenn diese darauf bestehen oder wenn der Sog zu groß ist.
Wie hätte sich der kleine Max aus dem emotionalen Sog der Depression seiner Mutter befreien können? Gar nicht. Das hätte sie für ihn tun müssen, doch dazu hätte sie erst einmal erkennen müssen, dass einige von Max' Anteilen in ihrem Treibsand stecken.

Wie verfängt man sich eigentlich im Treibsand anderer? Indem man unbewusst seine eigenen Bedürfnisse hintanstellt, um andere nicht zu verletzen, zu gefährden oder noch kränker zu machen. Das kann man für eine gewisse Zeit tun, wenn man erwachsen ist und sich zu gegebener Zeit wieder um sich selbst kümmern kann, doch auf keinen Fall als Kind. Wenn wir noch klein sind, haben wir keine Möglichkeit, für uns selbst zu sorgen. Deshalb dürfen wir nicht in Situationen geraten, in denen wir unsere Bedürfnisse zugunsten eines Erwachsenen unterdrücken oder verleugnen. Wir haben verstanden:

Dort, wo in unserer Innenwelt
unser größter Schmerz herrscht,
befindet sich unsere gefühlte Mitte.

Selbst dann, wenn diese Mitte in der Innenwelt eines anderen Menschen angesiedelt ist. Die Kraft unserer Seele aber können wir nur dann für uns nutzen, wenn wir in unserer wahren Mitte zu Hause sind.
Max' Mitte wird von seinen im emotionalen Treibsand seiner Mutter feststeckenden Inneren Kinder gebildet. Wenn er das aber nicht weiß, sie deshalb dort lässt und dann Vater wird, was wird wohl passieren? Er ist es gewohnt, in den emotionalen Bedürfnissen anderer zu versinken. Wird er für sich selbst sorgen können, wenn es Menschen gibt, die von ihm abhängig sind? Sicherlich nicht. Warum nicht? Weil seine Inneren Kinder, die seine gefühlte Mitte bilden, im emotionalen Sumpf seiner Mutter gefangen sind. Selbst

wenn er für sich selbst sorgen wollte, wüsste er nicht, wie, weil es seine Mitte nicht weiß.

Würde er seine Inneren Kinder retten, sie auf seinen eigenen Kontinent und in ihr Zuhause bringen und sich selbst in seine wahre Mitte begeben, dann würde sich seine Situation vollkommen anders anfühlen. Er könnte sich sowohl um seine Familie kümmern als auch dem Ruf seiner Seele folgen. Er hätte viel mehr Kraft und würde sich selbst spüren, nicht nur die Verzweiflung seiner noch nicht geretteten Inneren Kinder.
Wieso kommt Max eigentlich nicht auf die Idee, seine Inneren Kinder selbst zu retten?
Nun, was hat er von seinem Vater gelernt? Nichts. Zumindest nicht, dass er es wert ist, gerettet zu werden. Also kommt er erst gar nicht auf den Gedanken, es könnte nicht okay sein, im emotionalen Treibsand der Mutter zu versinken. Max hat drei Probleme:

- Statt Stabilität auf der Mama-Insel erlebte er unsicheres, ja, sogar gefährliches Terrain.
- Statt auf der Vater-Insel Sicherheit zu erfahren, bekam er nichts. Hätte diese ihn gerettet, wäre er nicht im Treibsand seiner Mutter versunken.
- Weil die emotionale Instabilität seiner Mutter sein primäres Kindheitserleben war, bildet diese Erfahrung seine gefühlte Mitte.

Das könnte sich anhören, als seien immer unsere Eltern schuld an dem, was wir fühlen. Wie wir es auch sehen, Fakt ist, dass sie unser emotionales Erleben maßgeblich prägen.

Was aber wäre, wenn die Erfahrungen, die wir als Kinder gemacht haben, dazu dienten, uns nachhaltig von unserer Mitte zu trennen? Wenn unsere Seele genau das wollte, damit wir uns auf die Suche nach unserer Mitte machen? Dann ergäbe alles einen Sinn, und so ist es auch. Dennoch sind unsere Inneren Kinder in Not. Es gehört zur Reise in die eigene Mitte dazu, sie zu retten. Max weiß es noch nicht, doch er wird und muss es lernen. Das hat er mit Clara verabredet.

Es kam noch schlimmer für Max. Obwohl er alles getan und sich aufgeopfert hatte, verließ ihn seine Frau mitsamt den Kindern. Wieder einmal konnte er nichts retten, dieses Mal betraf es seine Ehe. Wen wundert es da, dass er einen Schlussstrich unter das Vatersein ziehen wollte? Auch hier hätte es ihm geholfen, in seiner wahren Mitte zu stehen. Dann hätte er seinen eigenen seelischen Weg erkennen, in Frieden mit seinen Erfahrungen kommen und aus seiner Mitte heraus weitergehen können. Er hätte verstehen können, dass Lilly seine Chance ist, es dieses Mal anders zu machen und zu lernen, sowohl für seine Tochter als auch für sich selbst zu sorgen.

Wir merken uns das Bild: Max' Innere Kinder kämpfen im Treibsand der Depression der Mutter immer noch um ihre Freiheit. Einige von ihnen kämpfen nicht einmal, sondern opfern sich selbst in der Hoffnung, dass es der Mutter dann besser geht. Mit diesem Bild gehen wir jetzt zu Clara.

Anhand von Clara können wir erkennen, wie wir unsere Bestimmung finden. Ihre Innenwelt ist stabil. Sie hatte einige

Seminare besucht und gelernt, sich in ihre wahre Mitte zu stellen. Darum wusste sie auch, was sie wollte: Mutter sein. Ihre Bestimmung ist es, sich um Kinder zu kümmern, sie zu fühlen, ihnen zuzuhören und ihnen das zu geben, was sie wirklich brauchen. Sie hatte eine Beziehung beendet, weil der Mann keine Kinder wollte, sie ist sich also sehr sicher. Sie kümmerte sich gut um ihre eigenen Inneren Kinder, weil sie sich darüber im Klaren war, dass das die Voraussetzung dafür ist, einem physischen Kind geben zu können, was es wirklich braucht. Sie hatte ihre Hausaufgaben gemacht. Sie fragte sich daher, warum ihr Seelengefährte – denn als solchen empfindet sie Max – keinen Nachwuchs mit ihr wollte. Wie konnte sie erneut in diesen Konflikt geraten, hatte sie doch aus genau diesem Grund ihren damaligen Partner verlassen?

Ihr Problem sieht so aus: Mutter zu sein, gehört zu ihrer Bestimmung. Sie hat ein Gespür für Kinder.
Wie könnte sie also nicht Max' Innere Kinder retten wollen? Sie ist hin- und hergerissen zwischen ihrer eigenen Mitte und Max' unbewusster Treibsandmitte.
Sie wird schwanger, ihr Traum erfüllt sich. Doch sie will auch Max' Innere Kinder retten oder zumindest nicht weiter verletzen. Diese fühlen sich im Stich gelassen, wenn sich Clara um Lilly kümmert. Um für Lilly da zu sein und weil sie es selbst für richtig hält, handelt sie aus ihrer Mitte heraus gemäß ihrem Seelenplan. Um Max nicht weiter zu verletzen, läuft sie jedoch immer wieder zu seinen im Treibsand gefangenen Inneren Kindern, um diese zu beruhigen. Sie verlässt also immer dann, wenn Max unzufrieden wird, ihren eigenen Kontinent und versucht, in Max' Innenwelt für Geborgenheit zu sorgen.

Ihr Geld geht zur Neige. Sie muss wieder arbeiten, und das fühlt sich für sie auch stimmig an. Wenn sie aus ihrer Seelenmitte heraus auf ihre Situation schaut, dann möchte sie finanziell möglichst unabhängig bleiben und gleichzeitig möglichst ideal für ihr Kind sorgen. Ihre Bestimmung ist es, sich um Kinder zu kümmern und deren Bedürfnisse zu erfüllen. Und wie das mit Seelenplänen so ist: Sie enthalten immer auch einen Entwicklungsprozess.
Ihre Seele will, dass Clara immer bewusster, achtsamer und stärker wird, und vor allem, dass sie in ihrer Mitte bleibt, egal, was passiert. Ihre Seele will lernen, sich als Mensch nicht mehr von sich selbst abzutrennen, wie hoch die Wellen der eigenen emotionalen Gewässer und die anderer auch schlagen mögen.
Die Bedürfnisse ihres Kindes zu erfüllen, ist für viele Eltern bereits Herausforderung genug, denn um das zu können, muss man die eigenen Inneren Kinder in sich selbst gut untergebracht haben. Clara hat diese Hürde gemeistert und möchte jetzt, zum Teil bewusst, zum Teil unbewusst, die nächste Stufe der Selbstbestimmung und der inneren Freiheit erklimmen. Sie will sich entwickeln, und das kann sie nur, indem sie ihren inneren Konflikt löst.

Ihre Seele will also, dass Clara lernt, eindeutig und immer in ihrer Mitte stehen zu bleiben, gleich, was um sie herum geschieht. Würde sie aus ihrer Mitte heraus auf Max' Innere Kinder schauen, würde sie diese dann im Stich lassen? Bestimmt nicht. Was könnte sie tun?

Innere Reise

Wie wir uns auf gesunde Weise um fremde Innere Kinder kümmern

Stelle dir vor, du gehst durch ein Tor. Es führt dich in deine Innenwelt. Hinter dem Tor wartet dein Heißluftballon auf dich. Du steigst ein und bittest darum, an den Ort gebracht zu werden, an dem du fremde Innere Kinder hütest. Das kann in deiner eigenen Innenwelt sein oder in der eines anderen Menschen.

Dein Ballon steigt mit dir auf, und du fühlst dich vollkommen sicher. Er gleitet durch die Wolken und landet dann sachte. Du steigst aus und nimmst wahr, dass du dich tatsächlich um Innere Kinder kümmerst, die nicht deine eigenen sind. Das ist löblich, und gleichzeitig kostet es dich Kraft, denn ihre Not definiert zumindest in bestimmten Situationen deine Mitte.

Zu wem auch immer die fremden Inneren Kinder gehören, die du retten willst, sage ihnen: »Ich sehe euren Schmerz. Ihr könnt nichts dafür. Ich schicke euch Hilfe.« Rufe jetzt die spirituellen Eltern und Schutzengel der fremden Inneren Kinder. Spirituelle Eltern haben meist nichts mit den physischen Eltern zu tun. Es sind geistige Wesen, die für das Urprinzip des Mutter- und des Vaterseins, des Nährens und des Schützens, stehen.

Nimm wahr, wie sich die spirituellen Eltern und die Schutzengel um die in Not geratenen fremden Inneren Kinder kümmern. Du kannst sie ihnen getrost überlassen. Sie sind jetzt in guten Händen und bekommen, was sie brauchen. Du siehst, wie die Inneren Kinder in lichtvolle Höhen gezogen werden. Sie werden nach Hause in ihre eigene Seelenheimat gebracht, und da gehören sie auch hin.

Steige wieder in deinen Ballon. Er erhebt sich, und du gleitest durch die Lüfte. Während der Fahrt wird dir noch bewusster, wie anstrengend es war, die emotionalen Bedürfnisse Innerer Kinder zu erfüllen, die nicht deine eigenen sind, und wie sehr dich das von dir selbst abgelenkt hat.

Der Ballon landet jetzt nahe deiner Mitte. Du steigst aus und stellst dich in die Lichtsäule deiner Mitte. Lasse dich von deinem Seelenlicht durchfluten, und entscheide einmal mehr, von nun an dein Leben aus deiner wahren Mitte heraus zu gestalten. Je aufgeräumter deine Innenwelt ist, desto weniger zieht es dich aus deiner wahren Mitte heraus, erkennst du, und du bist erleichtert.

Lasse nun dein Innen-Ich weiter in der Mitte wirken, und steige wieder in den Ballon. Er bringt dich zu dem Tor, damit dein Außen-Ich dahin zurückkehren kann, wo es wirksam ist: in die Außenwelt.

Diese innere Reise macht uns frei, diejenigen zu versorgen, die wir lieben, und gleichzeitig in unsere Mitte zurückzukehren. Wir dürfen für andere da sein, doch wir müssen es nicht allein tun. Es ist ein bisschen so, wie wenn wir in einem Kaufhaus ein einsames Kind sehen. Wir fragen es, ob es weiß, wo seine Eltern sind, rufen bei Bedarf jemanden, der sich um es kümmert und seine Eltern sucht, doch wir nehmen es nicht mit zu uns nach Hause und versorgen es von da an.

Als Clara Max' Innere Kinder in gute Hände übergab, war sie auf einmal in der Lage, zu erkennen, was Lilly wirklich brauchte. Es war das Gleiche, was sie sich selbst auch wünschte, nämlich, weiterhin rund um die Uhr für ihre Kleine da zu sein. Hätte ihr ihre Mitte einen anderen Impuls gegeben, dann hätte sie auch diesem folgen können.
Clara hat durch diese inneren Reisen effektive Innenarbeit geleistet. Ab dem Moment, in dem sie aus ihrer wahren Mitte heraus lebt, können alle anderen Innenweltbereiche das ihre dazu beitragen:

- Ihre Innere Frau kann aufatmen und sich dem widmen, was wirklich zu Claras Bestimmung und ihrer Berufung gehört. Sie darf ihrem Bauchgefühl folgen und ihre Fürsorgekraft dahin lenken, wo sie sich gut anfühlt und wirklich gebraucht wird. Solange Clara für Max' Innere Kinder da war, musste ihre Innere Frau immer gegen ihre Intuition handeln und sich über Gebühr um Max kümmern. Die gefühlte Mitte ist wie ein Magnet, der unweigerlich alle Kräfte zu sich zieht, so auch die Ressourcen der Inneren Frau im Bereich Erde. Kehrt Clara mit ihrem Bewusstsein in ihre wahre Mitte zurück, dann dienen die Kräfte ihrer Innenwelt ungehindert, entspannt und ganz natürlich auch ihrer wahren Mitte.

- Der Innere Mann, Claras Tatkraft, ihr Feuer, darf der wahren Mitte entsprechend handeln und das tun, was ihre Seele möchte. Er kann sich um seine eigenen Angelegenheiten kümmern und diese in die Tat umsetzen, statt sich auf der einen Seite in Bezug auf die eigenen Belange zurückhalten zu müssen und auf der anderen Seite viel zu viel für andere zu tun. Er darf aufhören, sich mit seiner Tatkraft aufzuopfern und ständig am eigenen Feuer vorbei zu agieren. Die Müdigkeit, Lustlosigkeit und der Groll verschwinden, und Clara kann freudig und voller Selbstvertrauen tun, was sie in Wahrheit tun möchte.

- Auch ihr Innerer Erwachsener, ihre visionäre Kraft, ihre Luft, kann sich nun neu ausrichten. Statt sich ständig Gedanken darum zu machen, was andere vor ihr wollen könnten und wie sie das mit dem, was sie für richtig hält, vereinbaren kann, ist Clara nun fähig, für sich selbst einzustehen, die Verantwortung für ihre eigenen Ziele zu übernehmen und in großen Visionen und Dimensionen zu denken. Sie kann sich coachen und inspirieren lassen und hat den Kopf frei für das, was durch sie verwirklicht werden will.

Noch einmal, um es wirklich zu verinnerlichen: Die gefühlte Mitte definiert die Ausrichtung aller inneren Kräfte. Sie ist wie ein Magnet, der die Kräfte anzieht und ihnen ihre Aufgaben zuweist.

Wenn zum Beispiel jemand dringend unsere Hilfe braucht, dann dreht sich für uns alles darum, sie zu leisten. Unsere Gedanken, unsere Fürsorge, unsere emotionale Kraft und unsere Handlungen richten sich auf die Notsituation des anderen aus. Wir stellen die Verwirklichung unserer eigenen Ziele hintan, um ihn zu retten. Wenn wir das verstanden haben, dann ist auch klar, warum wir nicht ständig Menschen um uns herum haben können, die unsere Aufmerksamkeit auf sich ziehen, weil sie sich nicht selbst um ihre Inneren Kinder kümmern. Sie lenken uns von unserer eigenen Mitte ab, und wir spüren die Kraft unserer Seele nicht mehr.

Schauen wir jetzt, wie wir immer wieder zu unserer wahren Mitte zurückkehren und dafür sorgen können, dass alle unsere Kräfte für uns und das, was wir wirklich wollen, wirken.

Seelenpläne

enthalten auch

immer einen

Entwicklungsprozess.

Wie wir unsere Innenwelt gestalten und unsere Seelenkraft für uns wirken lassen

Damit wir uns immer wieder an unsere Mitte und die Kräfte unserer Innenwelt erinnern, ist es hilfreich, wenn wir unsere innere Landschaft in Form einer Collage oder eines Lebenskompasses, also eines Medizinrades, sichtbar machen. Je mehr unserer Sinne wir nutzen, um unsere Innenwelt wahrzunehmen und zu gestalten, desto realer wird sie für uns. Und je bewusster wir uns unserer Innenwelt sind, desto mehr sind wir in uns selbst zu Hause und können unsere Kräfte für das nutzen, was wir wirklich wollen.
Der erste Schritt besteht darin, dir Symbole für deine Innenwelt zu suchen. Danach erfährst du, wie du damit eine stimmige innere Landschaft gestalten kannst. Lasse dir Zeit dafür. Allein die Entscheidung, welches Symbol du für welchen Innenweltbereich wählst, kann und darf einen großen Bewusstseinsprozess auslösen.

Deine Gefühlswelt, die Heimat deiner Inneren Kinder, hast du bereits symbolisch dargestellt. Die wichtigsten Qualitäten für deine emotionale Intelligenz und dein Urvertrauen, also deine emotionale Stabilität, sind innere Geborgenheit und Selbstmitgefühl. Wähle einen Gegenstand aus deiner symbolisch dargestellten Heimat der Inneren Kinder, der dir diese Qualitäten vermittelt. Sind deine Inneren Kinder in Sicherheit, dann steht dein inneres Wasser für Klarheit, Reinheit und fließende emotionale Kraft. Finde auch dafür ein Symbol, zum Beispiel eine Muschel oder das Bild einer Quelle oder eines vom Meer.

Für den Bereich deiner Inneren Frau könntest du eine Schale oder etwas Ähnliches verwenden. Dort legst du zum Beispiel in Form von geschriebenen Botschaften oder einem Ring für deine Beziehung alles hinein, was du mit deiner Aufmerksamkeit und Fürsorge nähren willst. Du kannst auch einen mit Erde gefüllten Pflanztopf nehmen und darin Samen aussäen.

Die Welt deines Inneren Mannes, der Tatkraft, spiegelt sich in einem Feuer, zum Beispiel einer Kerzenflamme. Doch wie wäre es, wenn du deine Tatkraft in Form eines Werkzeuges, das du brauchst, um deine kühnsten Träume in die Tat umzusetzen, symbolisieren würdest? Willst du malen, können es Pinsel und Farbe sein, willst du schreiben, dann würde zum Beispiel eine Schreibfeder gut passen. Du kannst so viele Werkzeuge haben, wie du willst. Es genügt auch, wenn du sie in Form von Bildern sammelst.

Die Welt des Inneren Erwachsenen, des Visionärs, des Inspirierten, ist die Luft, und du kannst diese durch eine Feder symbolisieren. Es gibt aber etwas, was meinem Empfinden nach noch besser wäre: einen Richterhammer.* Warum? Weil du in dieser Welt der Gedanken im besten Fall kühne

* Wahrscheinlich hast du keinen zu Hause. Wenn er dir als Symbol stimmig erscheint, mache dir die Mühe, dir einen zu besorgen.

und kluge Entscheidungen triffst und dich im schlechtesten Fall ständig selbst verurteilst. Mit dem Hammer bist du in der Lage, dich von den negativen Urteilen anderer und auch deinen eigenen deutlich hörbar freizusprechen. Wenn du eine Entscheidung triffst, dann kannst du sie mittels des Richterhammers und eines »So sei es« bestätigen. Er ist ein machtvolles Werkzeug und leistet dir für deine großen visionären Gedanken bestimmt gute Dienste. Auch ein Schwert der klaren Unterscheidung wäre ein stimmiges und ausdrucksvolles Symbol.

Die Mitte, deine Seele, kannst du durch einen Bergkristall, eine Engelstatue oder etwas anderes, was dir ein Gefühl von »Seele« gibt, symbolisieren. Auch ein goldenes oder mehrfarbiges Tuch könnte dir gute Dienste leisten. Brauchst du ein Gefühl für deine Mittellinie oder für den stabilen Sockel, auf dem deine Innenwelt ruht, dann finde zudem einen Gegenstand, der dich innerlich ruhig stimmt.

Je bewusster wir uns unserer Innenwelt sind, desto mehr sind wir in uns selbst zu Hause und können unsere Kräfte für das nutzen, was wir wirklich wollen.

Übung

Deine Innenwelt sichtbar machen

Nimm die Gegenstände, die für die Bereiche deiner Innenwelt stehen, und begib dich an einen Platz in deinem Zuhause oder Garten, wo du deine Innenwelt legen und längere Zeit belassen kannst. Der Platz sollte groß genug sein, um dich hineinsetzen zu können. Wenn du nur wenig Raum hast und deine symbolische Innenwelt nach der Übung wieder wegräumen musst, fotografiere sie. Du kannst dich später auch nur in Gedanken hineinsetzen.

Lege das Symbol bzw. die Symbole für deine Seele und deine Schöpferkraft in das Zentrum des Platzes. Stelle dir einen Kreis um deine Mitte vor, und unterteile ihn in Gedanken in Viertel. Dieser Kreis ist dein Lebenskompass, deine Innenwelt.

Lege jetzt die Symbole für die anderen Bereiche in die jeweiligen Viertel. Die Symbole der emotionalen Kraft liegen dabei denen deiner visionären, mentalen Kraft gegenüber. Dementsprechend bilden auch die Symbole deiner Fürsorge und die deiner Tatkraft eine Achse.

Setze dich jetzt in deine Mitte, und verbinde dich mit der unermesslichen Kraft deiner Seele, der Klarheit deines Hohen Selbst und der Kraft deiner Mittellinie. Lasse deine Mitte immer stabiler und konzentrierter werden. Rufe deine Aufmerksamkeit und damit dich selbst aus allen äußeren

Bereichen in deine Mitte zurück. Diese Bereiche sind dafür zuständig, deine Außenwelt zu gestalten und zu meistern. Doch im Moment bist du in der Mitte. Hier gibt es nichts zu tun, nichts zu meistern. Hier bist du einfach präsent.

Sage: »Mittellinie, Hohes Selbst und Seele synchronisieren.« Spüre, wie du dich innerlich aufrichtest und sich deine Aufmerksamkeit vertikal, also nach oben und unten, ausrichtet. Denke an den Inselsockel deiner Innenwelt, und spüre, wie er dir Halt gibt. Du fühlst dich immer zentrierter und klarer.

Frage nun deine Seele: »Was ist meine (neue) Aufgabe?« Die Antwort muss noch nicht klar sein. Erlaube, dass sie in Form von Licht oder Energie zu dir fließt und sich eventuell erst in den nächsten Tagen zeigt. Deine Seele schickt dir nun Kraft und ein höheres Bewusstsein für die Zusammenhänge in deinem Leben.

Verweile so lange, wie du willst. Auch wenn du wieder aufstehst, bleibst du energetisch von nun an immer in deiner Mitte.

Dein Schöpferfunke ist in jedem Moment präsent und bereit, die Kraft deiner Seele zu verwirklichen. Bleibe einfach nur in deiner Mitte, dann klappt das.

Damit du noch besser in deiner Mitte bleiben kannst, schauen wir uns nun den Rest deiner inneren Landschaft genauer an. Wir reinigen die Bereiche und aktivieren ihre Kräfte, damit sie dir uneingeschränkt zur Verfügung stehen. Mache die folgenden inneren Reisen so, wie es für dich passt. Lies sie erst durch, und entscheide dann. Du kannst dir ein paar Stunden Zeit nehmen und sie alle hintereinander durchführen oder auch längere Pausen dazwischen einlegen. Nutze sie gern immer wieder, um zu prüfen, ob in deiner Innenwelt alles in Ordnung ist, und Seelenkraft hineinzugeben, wenn es notwendig ist. Die inneren Reisen dienen dir von nun an für immer, wenn du das willst.

Innere Reise

Das Feuer deiner Tatkraft

Mache es dir bequem. Es gibt nichts mehr für dich zu tun, du darfst dich ganz und gar entspannen. Gehe durch das Tor, das du schon kennst, in deine innere Welt. Dein Heißluftballon wartet auf dich, um dich in den Bereich deines inneren Feuers zu bringen. Du steigst ein und gleitest über deine innere Landschaft.

Jetzt landet dein Ballon. Du steigst aus und schaust dich um. Hier werden deine Pläne in Handlungen verwandelt. Ein Lagerfeuer brennt in diesem Landschaftsbereich, und überall gibt es Werkstätten. Jede trägt ein Schild, auf dem der Plan steht, der hier in Taten umgesetzt wird. Gehe zunächst zum Feuer, und nimm wahr, ob es zu dir passt. Ist es groß genug oder vielleicht sogar zu groß? Leuchtet es hell, wärmt es dich, oder qualmt es giftig vor sich hin?

Rufe jetzt deinen Inneren Mann: »Egal, wem du gerade dienst und wo du bist, komme nach Hause an dein Feuer.« Dein Innerer Mann erscheint. Nimm wahr, wie es ihm geht. Es kann sein, dass er sehr erschöpft ist, weil er ständig andere unterstützt oder sich mit Unwichtigem, Unwesentlichem ablenkt. Erinnere dich: Deine Kräfte tun, was deine Mitte fordert. Verlangt deine verschobene Mitte, sich um die Belange anderer zu kümmern oder deine Zeit mit Oberflächlichkeiten zu verschwenden, dann tut dein Innerer Mann das und vernachlässigt seinen eigenen Bereich.

Bitte jetzt deinen Inneren Mann, sich um sein Feuer zu kümmern und es in Ordnung zu bringen. Er kann das, es ist sein Feuer. Er weiß, was zu tun ist, welches Holz er braucht, wo er es findet und wie er dafür sorgen kann, dass das Feuer nicht qualmt oder gar erlischt. Dein Innerer Mann hat Helfer, zum Beispiel Krafttiere, die ihm dabei zur Seite stehen. Lasse ihm Zeit dafür, und erlaube ihm, sich, wenn er das möchte, danach am Feuer auszuruhen.

Schaue dich nun bei den Werkstätten um, und lies die Schilder. Sind es deine Werkstätten? Wird hier an den Projekten gearbeitet, die du realisieren willst? Wird dein Buch geschrieben, deine Musik komponiert, deine Firma geleitet, deine Beziehung in Ordnung gehalten und so weiter? Du musst nicht wissen, was genau in diesen Werkstätten geschieht. Wichtig für dich ist, herauszufinden, ob sie funktionieren.

Wenn dein Innerer Mann ständig unterwegs war, dann liegt hier wahrscheinlich einiges brach. Nimm es wahr. Schaue auch, ob es Werkstätten gibt, die nicht mehr stimmig sind oder noch nie deine eigenen waren. Das sind die Projekte, die du in die Welt bringen willst oder sollst, um anderen zu gefallen, um für Leistung geliebt zu werden oder um deine Existenzangst in Schach zu halten.

Wende dich deinem Inneren Mann zu, der noch am Feuer sitzt oder sich zu dir gesellt hat, und bitte ihn, auch hier für Ordnung zu sorgen. Er darf die Werkstätten, die nicht die deinen sind oder in denen etwas umgesetzt wird, was du nicht mehr brauchst, mit seinem reinigenden Feuer verbrennen.

Bitte ihn auch, sich um die Werkstätten zu kümmern, in denen deine Herzensprojekte in Taten verwandelt werden.

Dein Innerer Mann sieht nun schon viel besser aus. Es macht ihn glücklich, sich um das zu kümmern, was deine Seele will, statt sich für andere aufzuopfern. Versprich ihm, dass du von nun an darauf achten wirst, dass er deiner Seele dient statt den Belangen anderer.

Steige nun wieder in deinen Ballon, und lasse dich von ihm in deine Mitte bringen. Steige aus, und bitte deine Seele, ihre Kraft zu deinem Inneren Mann strömen zu lassen. Sieh, wie ein Lichtstrahl aus deiner Seele zu ihm fließt und ihn gleichermaßen entspannt und kräftigt. Der Lichtstrahl berührt auch das Feuer und gibt ihm neue Leuchtkraft.

Jetzt erkennst du, dass alles in Ordnung ist. Belebt und glücklich über alles, was in dir entsteht, schwebst du mit dem Ballon zurück zu dem Tor und kommst mit deinem Außen-Ich zurück in die äußere Welt. Dein Innen-Ich bleibt in deiner Mitte, und das fühlt sich sehr gut an.

Innere Reise

Die Erde deiner Fürsorgekraft

Mache es dir bequem. Es gibt nichts mehr für dich zu tun, du darfst dich ganz und gar entspannen. Gehe nun durch das Tor, das du schon kennst, in deine innere Welt. Dein Heißluftballon wartet auf dich, um dich in den Bereich deiner inneren Erde zu bringen. Du steigst ein und gleitest über deine innere Landschaft.

Jetzt landet dein Ballon. Du steigst aus und schaust dich um. Du befindest dich in einem wunderschönen, fruchtbaren Garten. Es gibt Obstbäume, Gemüsebeete, und überall blühen Blumen. Hier findest du alles, was du brauchst, um gut versorgt zu sein.

Du bemerkst deine Innere Frau, die sich um die Pflanzen kümmert und darauf achtet, dass sie sich gut entfalten und Früchte tragen. Jetzt setzt sich deine Innere Frau unter einen Baum und lehnt sich an seinen Stamm. Sie schließt die Augen, und du siehst, wie Kraft aus der Erde in sie hineinfließt. Sie wird auf eine sehr angenehme Weise schwer, und sie fühlt sich vollkommen satt und genährt.

Du erkennst: Wenn deine Innere Frau voller Kraft ist, dann steht dir diese Kraft in deinem Leben auch zur Verfügung. Deine Innere Frau bestellt voller Liebe diesen Landschaftsbereich und tut, was zu tun ist. In ihrem Garten wächst alles, was du in deinem Leben gesät hast, all deine Wünsche und Träume gedeihen hier. Dir wird klar, wie wichtig es ist, dass du ganz genau darauf achtest, was du der Inneren Frau zu tun gibst, denn sie kümmert sich bedingungslos um alles, was hier wächst. Jetzt wendet sie sich dir zu und schaut dich an. »Ich bin mit der Kraft der Erde verbunden«, sagt sie. »Ich habe unermesslich viel Energie und stehe dir vollständig zur Verfügung. Ich nähre und hüte alles, was du mir anvertraust.« Du dankst deiner Inneren Frau und bist beruhigt, weil sie alles so herrlich umsorgt. Du weißt, wie wichtig es ist, dass sie sich wirklich nur um deine inneren Pflanzen kümmert, nicht um die anderer.

Auf einmal wird dir bewusst, dass es in diesem Garten auch Gewächse gibt, die nicht die deinen sind und die du hier nicht haben möchtest. Gehe durch den Garten, und reiße alles heraus, was nicht zu dir gehört. Du erkennst genau, welche Pflanzen deine eigenen sind und welche du von anderen in dich aufgenommen hast. Die, die nicht zu dir gehören, lassen sich leicht aus der Erde ziehen. Wenn nicht, dann frage sie, ob sie zu dir gehören oder nicht. Sie müssen dir ehrlich antworten. Gehören sie nicht zu dir, dann wende, wenn nötig, Kraft auf, um sie herauszureißen. Sie verdorren auf der Stelle und zerfallen zu Staub.

Deine Innere Frau ist erleichtert, denn du nimmst ihr Arbeit ab, die sie gar nicht tun müsste. Jetzt hat sie viel mehr Zeit, sich um die Pflanzen zu kümmern, die wirklich die deinen sind. Es ist nötig, erkennst du, dass du immer wieder kommst und schaust, ob sich Sämlinge in deinem Garten eingenistet haben, die nicht zu dir gehören. Beruhigt und entspannt verabschiedest du dich von deiner Inneren Frau. Du weißt, sie kümmert sich um alles.

Steige nun wieder in deinen Ballon, und lasse dich von ihm zu deiner Mitte bringen. Steige aus, und bitte deine Seele, ihre Kraft zu deiner Inneren Frau strömen zu lassen. Sieh, wie ein Lichtstrahl aus deiner Seele zu ihr fließt und sie gleichermaßen entspannt und nährt. Der Lichtstrahl berührt die Erde und gibt ihr alles, was sie braucht, damit deine Projekte bestens gedeihen.

Jetzt erkennst du, dass alles in Ordnung ist. Gestärkt und innerlich aufgeräumt schwebst du mit dem Ballon zurück zu dem Tor und kommst jetzt mit deinem Außen-Ich zurück in die äußere Welt. Dein Innen-Ich bleibt in deiner Mitte, und das fühlt sich sehr gut an.*

* Mehr zur Inneren Frau findest du im Buch »Raum für deine innere Frau – Erwache in die Weisheit und Schöpferkraft deiner Weiblichkeit«, Schirner Verlag 2021.

Innere Reise

Das Wasser deiner emotionalen Kraft

Mache es dir bequem. Es gibt nichts mehr für dich zu tun, du darfst dich ganz und gar entspannen. Gehe nun durch das Tor, das du schon kennst, in deine innere Welt. Dein Heißluftballon wartet auf dich, um dich in den Bereich deines inneren Wassers zu bringen. Du steigst ein und gleitest über deine innere Landschaft.

Jetzt landet dein Ballon. Du steigst aus und schaust dich um. Deine Inneren Kinder sind in ihrem Zuhause, sie spielen, toben oder ruhen sich aus. Es ist alles in Ordnung. Du hörst ihr Lachen und bist glücklich. Ein Weg führt dich am Bereich der Inneren Kinder entlang zu einer Höhle. Du betrittst sie und spürst eine angenehme und belebende Feuchtigkeit. Du gehst tiefer hinein und stehst auf einmal am zauberhaftesten Ort, den du dir nur vorstellen kannst. Eine Quelle sprudelt aus einem moosbewachsenen Felsen, so klar und rein, wie du es noch nie gesehen hast. Es ist Urquellwasser, spürst du, vollkommen natürlich und direkt aus dem Herzen der Erde.

Eine Schale aus Bergkristall steht für dich neben der Quelle bereit. Du füllst die Schale und trinkst von dem Wasser. Auf einmal durchströmt dich reines Gefühl ohne Färbung, ohne Emotionen. Du bist ein fühlendes Wesen, wird dir bewusst, und dieses Fühlen hat keine Ausrichtung. Du kommst zur Ruhe, und tiefe Gelassenheit durchfließt dich. Diese Gelassenheit ist der emotionale Urzustand, der dich innerlich frei und friedlich werden lässt. Du setzt dich neben die Quelle und schaust dem Wasser zu, wie es aus dem Felsen sprudelt. Es fließt in einen kleinen Teich und von da aus weiter in ein Bachbett, das sich durch die Höhle schlängelt. Du weißt auf einmal, dass das Wasser seinen Weg kennt und deine innere Landschaft auf ideale Weise versorgt.

Wenn du gelassen bist, erkennst du, dann fällt es dir leicht, in deiner Mitte zu bleiben. Wirst du dagegen von deinen Emotionen gelenkt, dann verschiebt sich dein Mittelpunkt, und du musst um dein emotionales Gleichgewicht ringen. Deshalb ist es so wichtig, dass es deinen Inneren Kindern gut geht, denn solange sie in Not sind, kannst du nicht gelassen bleiben, egal, wie viel Urquellwasser du trinkst.

Jetzt möchtest du in dem kleinen Teich baden. Du ziehst dich aus und steigst in das vollkommen reine Wasser. Es ist angenehm warm, und du hast das Gefühl, du löst dich in ihm auf. Es ist, als hättest du keinen Körper mehr, sondern wärst eins mit dem Wasser. Du gibst dich voller Vertrauen dem Fließen hin. Alle Gefühle, die nicht zu dir gehören, weil du sie von anderen in dich aufgenommen hast, werden im Wasser neutralisiert, und ihre Informationen werden gelöscht. Du spürst das Strömen der reinen Quelle und fühlst dich immer freier und friedlicher.

Bleibe so lange in diesem paradiesischen Zustand, bis du spürst, dass du so friedlich bist, wie es dir heute nur möglich ist. Irgendwann formt sich dein Körper wieder. Du setzt dich neu zusammen und bleibst dabei emotional im Urzustand der Gelassenheit und damit im Urvertrauen. Jetzt steigst du aus dem kleinen Teich und ziehst dich wieder an. Trinke noch einmal aus der Quelle, wenn du möchtest, dann gehe den Weg zurück.

Steige nun wieder in deinen Ballon, und lasse dich von ihm zu deiner Mitte bringen. Du steigst aus und bittest deine Seele, ihre Kraft zu deiner Urquelle strömen zu lassen. Das Wasser nimmt die Informationen deiner Seele auf und kann dich und deine innere Landschaft nun noch besser versorgen. Das Licht deiner Seele strömt auch in den Bereich der Inneren Kinder und versorgt sie mit Liebe und dem Wissen, dass alles gut ist.

Gelassen und friedlich schwebst du mit dem Ballon zurück zu dem Tor und kommst jetzt mit deinem Außen-Ich zurück in die äußere Welt. Dein Innen-Ich bleibt in deiner Mitte, und das fühlt sich sehr gut an.

Innere Reise

Die Luft deiner mentalen Kraft

Mache es dir bequem. Es gibt nichts mehr für dich zu tun, du darfst dich ganz und gar entspannen. Gehe nun durch das Tor, das du schon kennst, in deine innere Welt. Dein Heißluftballon wartet auf dich, um dich in den Bereich deiner inneren Luft zu bringen. Du steigst ein und gleitest über deine innere Landschaft.

Jetzt landet dein Ballon. Du steigst aus und schaust dich um. Du befindest dich auf einem Hochplateau und kannst von hier aus deine gesamte Innenwelt überschauen. Du atmest tief durch und setzt dich auf den Boden, um deine Landschaft zu betrachten. Die Luft ist kristallklar.

Du siehst eine leuchtende Gestalt auf dich zukommen. Sie wirkt wie eine gereifte Version deiner selbst, die weise und gelassen ist, in sich ruht und genau deshalb große Gedanken denken und sich höheren Visionen hingeben kann. Vielleicht sieht sie sogar wie ein Engel aus. Du erkennst, dass du oft angsterfüllte Gedanken hegst, die dich daran hindern, deine Pläne und Träume in Taten umzusetzen. Dein reifes Ich setzt sich zu dir. »Atme sie aus«, sagt es dir, und du weißt, dass es deine angsterfüllten Gedanken meint. Du atmest aus, und in dieser Umgebung der Klarheit und Weite strömen deine kleinlichen und trüben Gedanken wie von selbst aus dir hinaus und lösen sich wie Nebel in der Sonne auf.

Deine gereifte Version berührt liebevoll deinen Kopf. Auf einmal ist es, als löse sich eine Art Helm von deinem Kopf, der bislang verhindert hat, dass du wahrhaft frei denken kannst. »Das sind deine Gedankenmuster, die dafür gesorgt haben, dass du nicht wieder verletzt wirst und du dich nicht deinen Ängsten aussetzen musst. Du brauchst sie nicht mehr. Du bist in Sicherheit, weil du jetzt aus deiner Mitte heraus lebst.« Du verstehst, was die Gestalt dir sagt, und siehst, wie sich der Helm einfach auflöst. »Hier oben kannst du nur visionäre Gedanken hegen, die dich inspirieren und dir wahre Klarheit verschaffen, statt dich zu täuschen«, sagt das Wesen, und du nickst. Du spürst, dass es stimmt. »Komme her, wenn du eine Frage hast oder über etwas nachdenken willst«, sagt es weiter. »Ich bin immer hier und gebe dir die Antworten, die dir helfen, dein Leben machtvoll und kühn zu gestalten, statt ängstlich in unerfüllten Situationen zu verharren.«

Auf einmal legt sich ein kühlender, frischer Lufthauch um dich herum. Er ist wie ein luftiger Heiligenschein, den du sogar im Kopf spürst. »Denke an eine Angelegenheit, die dir normalerweise Kopfzerbrechen bereitet«, hörst du das Wesen sagen, und das tust du. Es berührt wieder deinen Kopf, und auf einmal klärt sich alles in dir. Du weißt, was zu tun oder zu lassen ist. Möglicherweise geht dich die Angelegenheit gar nichts an, oder du siehst auf einmal eine einfache Lösung. Von nun an wirst du deine Entscheidungen hier oben treffen, beschließt du, und das gibt dir ein tiefes Gefühl von Frieden. »Ich danke dir«, sagst du zu dem Wesen und bist sehr erleichtert, dass es diese Version von dir gibt. Du kannst sie jederzeit treffen. Es ist ihre Aufgabe, dir die klarsten Gedanken zugänglich zu machen, damit dein Leben großartig und friedlich wird.

Steige nun wieder in deinen Ballon, und lasse dich von ihm in deine Mitte bringen. Steige aus, und bitte deine Seele, ihre Kraft zu deinem geklärten Ich, dem Visionär in dir, strömen zu lassen. Sieh, wie ein Lichtstrahl aus deiner Seele zu ihm fließt und ihn noch mehr zum Leuchten bringt.

Innerlich klar und friedlich schwebst du mit dem Ballon zurück zu dem Tor und kommst jetzt mit deinem Außen-Ich zurück in die äußere Welt. Dein Innen-Ich bleibt in deiner Mitte, und das fühlt sich sehr gut an.

Nutze diese inneren Reisen immer dann, wenn du deine Kräfte treffen willst. Sie sind stets für dich da. Je öfter du sie aufsuchst, desto selbstverständlicher kannst du dein Leben aus deiner Mitte heraus gestalten.

Die letzte innere Reise, die ich dir jetzt anbiete, ist etwas ganz Besonderes. Du reist in einem goldenen Heißluftballon in höhere Bewusstseinsebenen und findest einen neuen Mittelpunkt. Wenn du deine Innenwelt aufgeräumt hast, dann wird es Zeit, die Ebene zu wechseln und dein Leben von einem neuen Bewusstseinsniveau aus zu gestalten.

Innere Reise

Deine neue Mitte finden

Mache es dir bequem. Es gibt nichts mehr für dich zu tun, du darfst dich ganz und gar entspannen. Gehe nun durch das Tor, das du schon kennst, in deine innere Welt. Hinter dem Tor wartet ein prachtvoller goldener Heißluftballon auf dich. Er schimmert und strahlt, scheint nicht von dieser Welt zu sein.

Du steigst voller Vorfreude ein. Er erhebt sich sanft in die Lüfte und steigt höher, als du jemals mit deinem Ballon gefahren bist. Du fühlst dich vollkommen sicher. Auf einmal erkennst du, dass über deiner inneren Landschaft eine weitere Welt liegt. Wie eine Fata Morgana schimmert und flimmert sie. Der goldene Ballon gleitet über diese höhere Innenwelt, und du siehst, dass es auch hier einen Wasser-, einen Feuer-, einen Erd- und einen Luftbereich gibt. Diese Bereiche fühlen sich jedoch völlig anders an. Aus der emotionalen Wasserwelt strömt reinstes Mitgefühl, die Tatkraft wird in klaren, friedlichen Handlungen sichtbar, die Fürsorgekraft hält in aller Freiheit einen liebenden, nährenden Raum, und die Visionskraft verbindet sich mit den kühnen Visionen anderer zu vollkommen neuen Synergien. Die Mitte strahlt und leuchtet in den schönsten Farben.

Der Ballon bringt dich in deine Mitte, und du kannst mühelos aussteigen. Diese Welt fühlt sich auf einmal genauso fest und stabil an wie die, in der du bislang lebtest. Etwas ist jedoch anders: Du fühlst dich ganz. Jede Fragmentierung und Abspaltung ist nicht nur geheilt, sondern es ist, als hätte sie nie stattgefunden.

Du stellst dich in das Licht deiner Mitte und spürst, wie sich dein gesamtes Bewusstsein verändert. Was ist möglich, wenn du nicht mehr gespalten bist, dich nicht mehr auf die Suche nach dir selbst begeben musst, sondern dein Leben aus deiner Mitte heraus, ungeteilt, heil, unversehrt gestalten kannst? Was ist möglich, wenn alles, wonach du gesucht hast, worum du gekämpft hast, auf dieser Ebene ein selbstverständlicher Teil von dir ist? Was wäre, wenn du dein Leben von dieser Ebene aus gestaltest, zusammen mit anderen, die sich ebenfalls auf dieser neuen, ungeteilten Bewusstseinsebene befinden? Wäre es nicht so, als wärest du selbst dein Himmel auf Erden?

Bleibe auf dieser Ebene. Bleibe im Licht deines neuen Bewusstseins.

Nachwort

Es war mir eine große Freude, dich in deine neue Mitte begleiten zu dürfen. Wenn du durch bestimmte Lebensumstände doch noch einmal auf die energetisch tiefer liegende Innenwelt gerätst, dann kläre, was es dort zu klären gibt, rufe den goldenen Heißluftballon, und schwebe erneut empor. Oft gibt es gar nichts, was der Klärung bedarf, sondern du brauchst nur die Entscheidung zu treffen, auf der ungeteilten, höheren Bewusstseinsebene zu bleiben, egal, was geschieht.
Dabei geht es nicht darum, künstlich in einem bestimmten Bewusstseinszustand zu bleiben. Wenn dich etwas nach unten zieht, dann darfst und solltest du hinschauen. Du lebst in einer Zeit, in der sich alles zeigt, von dem du noch getrennt bist, und du erkennst es daran, dass du etwas leisten musst, damit es in dein Leben kommt. Das ist in der neuen Energie nicht mehr stimmig.
Du weißt und fühlst, dass alles schon da ist. Das, was du dir wünschst, ist bereits ein Teil von dir. Was immer du scheinbar erreichen willst, am Ende sehnst du dich immer nur nach dir selbst. Deshalb ist es so wichtig, an das Synchronisieren zu denken. Stelle dich in deine Mitte, rufe alles, was du bist, zu dir, und sage: »Synchronisieren.« Wie oft? So oft wie nötig und immer dann, wenn du Trennung spürst.

Was ist möglich, wenn wir uns auf dieser neuen Ebene treffen? Finden wir es heraus, liebster Mitschöpfer.

In Liebe und Verbundenheit
Susanne

Über die Autorin

Susanne Hühn ist ganzheitliche Physiotherapeutin, Seminarleiterin und bekannte Ratgeberautorin. Ihre Schwerpunkte sind das Innere Kind sowie das Lehren emotionaler Intelligenz und innerer Freiheit. Bewusst angewandtes Selbstmitgefühl bildet das wichtigste Element ihrer Methode, über die sie zahlreiche Bücher geschrieben hat. Ihr Wissen vermittelt sie zudem in Vorträgen, Einzelcoachings und Seminaren in ihrem Seminarzentrum sowie in Online-Seminaren.

www.susannehuehn.de

Bildnachweis

Bilder von der Bilddatenbank www.shutterstock.com:

S. 6: # 2079579880 (© Denis Belitsky), S. 8: # 670185814 (© Song_about_summer), S. 12: # 274730429 (© Romolo Tavani), S. 21: # 1739201840 (© Zolotarevs), S. 28: # 2190817927 (© KieferPix), S. 36: # 450844792 (© Evgeny Atamanenko), S. 43: # 121005151 (© Dmytro Balkhovitin), S. 56: # 128478668 (© Creative Travel Projects), S. 63: # 1335643751 (© sun ok), S. 72: # 1923200564 (© Catherine Robotis), S. 92: # 1923494090 (© LedyX), S. 97: # 1501512122 (© Dmitry Molchanov), S. 106: # 274143101 (© Rick Partington), S. 118: # 1816606463 (© Max kegfire), S. 123: # 287978150 (© pogonici), S. 140: # 111732092 (© kesipun), S. 147: # 2117487662 (© New Africa), S. 162: # 188911319 (© Business stock)